CUADERNO
DE ACTIVIDADES

¡DIME! DOS

CUADERNO
DE ACTIVIDADES

Fabián A. Samaniego
University of California, Davis

M. Carol Brown
California State University, Sacramento

Patricia Hamilton Carlin
University of California, Davis

Sidney E. Gorman
Fremont Unified School District
Fremont, California

Carol L. Sparks
Mt. Diablo Unified School District
Concord, California

HEATH

D.C. Heath and Company
Lexington, Massachusetts
Toronto, Ontario

Illustration Credits

Hannah Bonner

Carlos Castellanos

Andrew Lange

Tim McGarvey

George Ulrich

Joe Veno

Published simultaneously in Canada

Printed in the United States of America

International Standard Book Number: 0-669-43382-9

7 8 9 10 11 12 DBH 03 02 01 00

CONTENIDO

CONTENIDO

CONTENIDO

Nombre _____

Fecha _____

¡DIME!
DOS

UNIDAD **1**
LECCIÓN **1**

¡A ESCUCHAR!

A **Los gustos.** Todos tenemos gustos diferentes. Escucha estos comentarios y decide si reflejan una actitud **positiva (+)** o **negativa (–)**. Escucha una vez más para verificar tus respuestas.

1. + –   3. + –   5. + –   7. + –
2. + –   4. + –   6. + –   8. + –

B **Preferencias.** Varias personas están hablando de lo que les gusta hacer los fines de semana. Escucha la conversación y marca todas las actividades que oigas. Escucha una vez más para verificar tus respuestas.

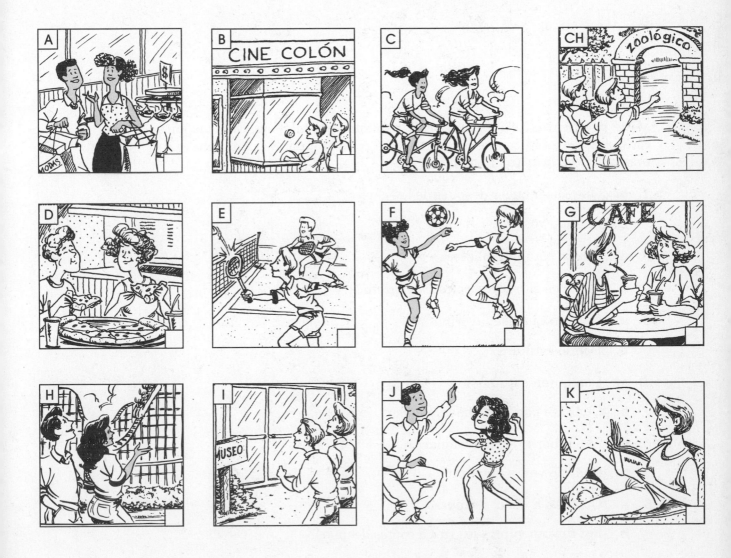

C **¿Y tú?** Oyes a varias personas hablar de sus actividades. Indica si la persona que habla **participa** o **no participa** en las actividades mencionadas. Escucha una vez más para verificar tus respuestas.

MODELO   Escuchas: *Jugamos fútbol todos los días.*
　　　　 Escribes: X debajo de *Participa*
　　　　 Escuchas: *Papá prepara la comida los sábados.*
　　　　 Escribes: X debajo de *No participa*

Participa　*No participa*

1. ☐ ☐
2. ☐ ☐
3. ☐ ☐
4. ☐ ☐
5. ☐ ☐
6. ☐ ☐
7. ☐ ☐
8. ☐ ☐

CH **¿Qué preguntas?** Tu hermano está hablando por teléfono. Escucha su conversación e indica qué preguntas está contestando. Escucha una vez más para verificar tus respuestas.

1. **a.** ¿Qué vas a hacer después de las clases?

   b. ¿Adónde vas?

2. **a.** ¿Dónde está la biblioteca?

   b. ¿Cómo es el nuevo profesor de química?

3. **a.** ¿Cuál es tu clase favorita?

   b. ¿Dónde estudias?

4. **a.** ¿Con quién estudias?

   b. ¿Cuántas páginas tienes que leer?

5. **a.** ¿A qué hora van a terminar?

   b. ¿Cuándo van a empezar?

6. **a.** ¿Qué van a hacer después?

   b. ¿Por qué no vamos los tres a comer después?

Nombre

Fecha

¡DIME!
DOS

UNIDAD **1**
LECCIÓN **1**

¡A ESCUCHAR!

D ¡Hola! Escucha estos saludos y presentaciones e indica si son apropiados para un **joven** o para un **adulto.** Escucha una vez más para verificar tus respuestas.

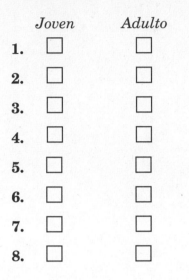

	Joven	*Adulto*
1.	☐	☐
2.	☐	☐
3.	☐	☐
4.	☐	☐
5.	☐	☐
6.	☐	☐
7.	☐	☐
8.	☐	☐

E **Un nuevo amigo.** Lee las siguientes oraciones. Luego escucha la conversación entre Eva, su amigo Pepe y la señora Ochoa e indica si esta información es **Cierta (C)** o **Falsa (F).** Escucha la conversación una vez más para verificar tus respuestas.

C F **1.** Eva y Pepe van a estudiar a casa de Pepe.

C F **2.** Pepe va a ayudar a Eva con la lección de historia.

C F **3.** Eva presenta a Pepe a su mamá.

C F **4.** Pepe vive cerca de Eva.

C F **5.** Algunas de las clases de Pepe son diferentes de las clases de Eva.

C F **6.** Pepe y Eva van a estudiar literatura juntos.

C F **7.** La señora Ochoa les ofrece unos sándwiches.

C F **8.** En casa de Pepe comen a las ocho.

Nombre _____

Fecha _____

¡DIME!
DOS

UNIDAD **1**
LECCIÓN **1**

¡A ESCRIBIR!

A   **¿Qué decimos...?** Martín, Daniel, Tina, Margarita y el Sr. Galindo están hablando. Completa la descripción según la información dada en el video o en la fotonovela de esta lección.

1. _____ viven cerca

   de los Galindo.

2. _____ tiene un amigo por

   correspondencia.

3. _____ está lista para jugar baloncesto.

4. _____ están aprovechando los

   últimos días de vacaciones.

5. _____ son

   compañeros de clase.

6. _____ tiene muchas cuentas.

7. _____ recibe una carta desde Venezuela.

8. _____ está jugando baloncesto.

B   **¿Qué te gusta hacer?** Marcela quiere saber qué le gusta a Terencio, y él quiere saber qué le gusta a ella. ¿Qué se preguntan mutuamente y qué se contestan?

MODELO

TERENCIO: **¿Te gusta bailar?**
MARCELA: **Sí, me gusta mucho.** o
            Sí, me encanta.

1. MARCELA: _____
   _____
   TERENCIO: _____
   _____

2. TERENCIO: _____
   _____
   MARCELA: _____
   _____

3. TERENCIO: _____
   _____
   MARCELA: _____
   _____

4. MARCELA: _____
   _____
   TERENCIO: _____
   _____

¡DIME! DOS

¡A ESCRIBIR!

5. MARCELA: _____

_____

TERENCIO: _____

_____

6. TERENCIO: _____

_____

MARCELA: _____

_____

7. MARCELA: _____

_____

TERENCIO: _____

_____

8. TERENCIO: _____

_____

MARCELA: _____

_____

C **El primer día de clases.** Los estudiantes y profesores de la escuela están haciendo muchas cosas. Completa cada oración con el presente de uno de los siguientes verbos para indicar lo que hacen.

mirar	charlar	llevar	llegar
saludar	estudiar	enseñar	

1. Diana _____ a Luis.

2. Todos _____ con sus amigos.

3. Nosotros _____ el mapa.

4. Tú siempre _____ tarde a clase.

5. Yo _____ mis libros a las clases.

6. Las profesoras Doménico y Álvarez _____ en la sala 16.

7. ¡Nadie _____ para los exámenes finales!

CH **Mucho trabajo.** Ya empezaron las clases y los estudiantes tienen mucho que leer y escribir. Completa cada oración con la forma apropiada del presente de **leer** o **escribir**.

1. (leer)　　　Elvira y Luis _____ *Les Miserables* en la clase de francés.

2. (escribir)　Felipe _____ una composición en la clase de inglés.

3. (escribir)　Silvia y yo le _____ cartas al Ministro de Educación.

4. (leer)　　　Yo _____ un poema de Ana María Matute.

5. (escribir)　David y Tomás _____ una composición sobre la conquista de México.

6. (leer)　　　Tú no _____ la lección de química.

7. (escribir)　Yo _____ la tarea de francés.

8. (leer)　　　Nosotros _____ un libro de historia.

9. (leer)　　　Carlos _____ *Don Quijote*.

10. (escribir)　¿Qué _____ tú?

Nombre _____

Fecha _____

¡DIME! DOS

UNIDAD **1**
LECCIÓN **1**

¡A ESCRIBIR!

D **Los sábados.** Según Pepita, ¿qué hace su familia los sábados?

MODELO

| mamá |
| 8:30 AM |

Por la mañana mamá toma café.

| yo |
| 10:15 AM |

_____

_____

| mi hermano |
| 11:30 AM |

_____

_____

| todos nosotros |
| 9:00 AM |

_____

_____

| papá |
| 1:15 PM |

_____

_____

mi hermano y yo

2:30 PM

_____

_____

mamá

3:10 PM

_____

_____

mis amigas y yo

8:45 PM

_____

_____

mamá y papá

9:00 PM

_____

_____

mi hermano

9:30 PM

_____

_____

Nombre _____

Fecha _____

UNIDAD **1**
LECCIÓN **1**

¡DIME!
DOS

¡A ESCRIBIR!

E   **Con frecuencia.** ¿Con cuánta frecuencia haces estas cosas?

MODELO   *practicar deportes*
                Nunca practico deportes.

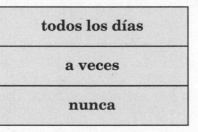

todos los días
a veces
nunca

1. escribir composiciones

_____

2. sufrir exámenes

_____

3. sacar fotos de monumentos

_____

4. leer el periódico

_____

5. hablar con amigos

_____

6. limpiar la casa

_____

7. recibir una carta

_____

8. visitar a amigos en el hospital

_____

Diario personal. Todos los días escribes algo en tu diario. Escribe lo que haces en las horas indicadas.

MODELO

am

Son las ocho y media de la mañana. Estudio inglés en la clase de la Srta. Thornton.

am

pm

1. _____

_____

_____

2. _____

_____

_____

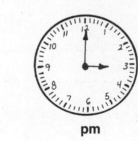

pm

pm

3. _____

_____

_____

4. _____

_____

_____

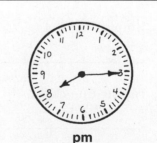

pm

pm

5. _____

_____

_____

6. _____

_____

_____

Nombre _____

Fecha _____

¡DIME! DOS

UNIDAD **1**
LECCIÓN **1**

¡A ESCRIBIR!

G **Entrevista.** Lee las respuestas que Chucho Valdez dio en una entrevista y escribe las preguntas que le hizo el reportero.

REPORTERO: ¿ _____ usted?

CHUCHO: Chucho, o en verdad, Marucho Valdez.

REPORTERO: ¿ _____ es?

CHUCHO: Soy de Mérida, Venezuela.

REPORTERO: ¿ _____ años tiene?

CHUCHO: Veintidós años.

REPORTERO: ¿ _____ es usted famoso?

CHUCHO: Soy jugador de baloncesto.

REPORTERO: ¿ _____ equipo juega?

CHUCHO: Para los Gigantes de Caracas.

REPORTERO: ¿ _____ juega su equipo en

EE.UU.?

CHUCHO: En febrero.

REPORTERO: ¿ _____ vive durante el verano?

CHUCHO: Vivo en Caracas todo el año.

REPORTERO: ¿ _____ dinero gana?

CHUCHO: Gano tres millones de bolívares.

REPORTERO: ¿ _____ viaja durante los veranos?

CHUCHO: A Europa o a Argentina; a veces a Brasil.

REPORTERO: ¿ _____ le gusta jugar baloncesto?

CHUCHO: Es muy divertido y gano bastante dinero.

REPORTERO: ¿ _____ vive?

CHUCHO: Con mi familia y mi perro Gaucho.

REPORTERO: ¿ _____ sugerencia tiene para los

jóvenes?

CHUCHO: ¡Que estudien y que obtengan su diploma del colegio!

Nombre _____

Fecha _____

In this lesson you have reviewed exchanging greetings and introductions, discussing likes and dislikes, naming activities, and asking about favorite activities. You have also learned the new vocabulary listed below as well as additional vocabulary. Write all the vocabulary you have already learned under each category and add any other vocabulary which you found particularly useful in this lesson.

Para saludar y presentar

_____   _____

_____   _____

_____   _____

_____   _____

_____   _____

_____   _____

Para nombrar actividades

_____   _____

_____   _____

_____   _____

_____   _____

_____   _____

_____   _____

Para hablar de actividades favoritas

_____   _____

_____   _____

_____   _____

_____   _____

_____   _____

_____   _____

Sustantivos

correo	personalidad *(f.)*
cuadrado	preferencia
cuadrícula	pregunta
lista	rutina
medio de transporte	talento
nachos *(m.)*	vida

Descripción

largo(a)	negativo(a)
listo(a)	positivo(a)

Verbos

acabar (de)	gozar
aprovechar	nadar
asistir a	viajar
cantar	vivir

Palabras y expresiones

¡aguafiestas!	nos vemos
amigo(a) por	¿Qué hay de nuevo?
correspondencia	te toca a ti
echar de menos	
fue un placer	

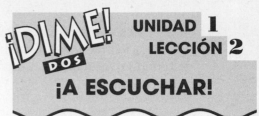

¡A ESCUCHAR!

A **¿Cómo están?** Es lunes y todo el mundo habla de cómo se siente. Escucha los comentarios e indica si reflejan una actitud **positiva (+)** o **negativa(–)**. Escucha una vez más para verificar tus respuestas.

1. + –   5. + –

2. + –   6. + –

3. + –   7. + –

4. + –   8. + –

B **Por teléfono.** Estás enfermo(a) y no puedes asistir a la fiesta de René esta noche. Tu amigo Beto está describiendo lo que pasa en la fiesta. Escucha lo que dice e indica si lo que describe se ve en el dibujo o no. Escucha una vez más para verificar tus respuestas.

	Sí	*No*		*Sí*	*No*
1.	☐	☐	5.	☐	☐
2.	☐	☐	6.	☐	☐
3.	☐	☐	7.	☐	☐
4.	☐	☐	8.	☐	☐

¡Qué ganga! Fernando y David van de compras a un mercado al aire libre y ven estos artículos. Escucha su conversación y pon un círculo alrededor de todo lo que deciden comprar. Escucha una vez más para verificar tus respuestas.

Nombre _____

Fecha _____

CH **Los fines de semana.** Carlota va a describir sus actividades de
fines de semana. Escucha lo que dice e indica la secuencia
cronológica de sus actividades. Escribe un número del 1 al 6 en los
dibujos, indicando el orden en que las hace. Escucha una vez más
para verificar tus respuestas.

_____

_____

_____

_____

_____

_____

De compras. Rebeca y su mamá van de compras. Escucha la conversación y selecciona la mejor respuesta para cada pregunta. Escucha una vez más para verificar tus respuestas.

1. ¿Adónde va Rebeca?

    a. a una fiesta

    b. a un baile

    c. a visitar a una amiga

2. ¿Qué compra Rebeca?

    a. un vestido

    b. una blusa

    c. una falda

3. ¿Qué se prueba Rebeca?

    a. una falda

    b. una blusa

    c. unos zapatos

4. ¿Cómo son el collar y los aretes?

    a. caros

    b. elegantes

    c. feos

5. ¿Adónde van Rebeca y su mamá?

    a. a un café

    b. al cine

    c. a casa

 ¿Qué decimos...? Para conocer mejor a Margarita, combina las frases de la columna **A** con las de la columna **B**, según la información dada en el video o en la fotonovela de esta lección. Luego escribe las oraciones completas en los espacios que siguen a continuación.

A	**B**
1. Margarita todavía tiene que...	**a.** le va a gustar a su mamá.
2. Ella está muy preocupada porque...	**b.** tenía amigos en Venezuela.
3. A su mamá le encanta...	**c.** buscarle un regalo a su mamá.
4. Le puede...	**ch.** el lunes es el santo de su mamá.
5. Está segura de que...	**d.** la joyería de fantasía.
6. A Margarita le encantan...	**e.** sus compras.
7. Margarita no sabía que Daniel...	**f.** comprar un lindo juego de collar y aretes.

1. _____

_____

2. _____

_____

3. _____

_____

4. _____

_____

5. _____

_____

6. _____

_____

7. _____

_____

B **La clase de inglés.** ¿Cómo son las clases de inglés en el colegio de Luis, Meche y Chela? Para contestar, completa cada oración con uno de los siguientes adjetivos.

Vocabulario útil:

junto	listo
difícil	simpático
bueno	contento
chévere	importantísimo

1. Las profesoras de inglés son muy _____ .

2. Meche no está _____ para la clase de hoy.

3. Chela está _____ porque está en la clase de la

   profesora Alarcón.

4. Para Luis, la clase de inglés es muy _____.

5. Para Chela, aprender inglés es _____.

6. La Srta. Gray es muy _____.

7. Luis, Meche y Chela están _____ en la misma sección.

C **¿Cómo están?** ¿Cómo se sienten estos alumnos y profesores en tu escuela?

MODELO

José y Beto están aburridos.

1. _____

   _____

Nombre _____

Fecha _____

¡DIME!
DOS

UNIDAD 1
LECCIÓN 2

¡A ESCRIBIR!

DIRECTORA

2. _____

_____

Tomás

3. _____

_____

Alberto

4. _____

_____

Alicia

5. _____

_____

6. Yo... _____

_____

¿Qué quieren hacer? Pregúntales a las siguientes personas si quieren hacer la actividad que aparece en el dibujo. Escribe tu pregunta y las respuestas de ellos.

MODELO

José y Beto

José y Beto, ¿quieren jugar fútbol?
Sí, queremos jugar fútbol. o
Por supuesto que queremos jugar fútbol.

Beatriz

1. _____
_____
_____
_____

tú

2. _____
_____
_____
_____

Consuelo y Soledad

3. _____
_____
_____
_____
_____

4. _____
_____
_____
_____

5. _____
_____
_____
_____

6. _____
_____
_____
_____

7. _____
_____
_____

D ¡**Es hora de almorzar!** Es el primer día de clases y ya es hora de almorzar. ¿Dónde almuerzan las siguientes personas?

MODELO *Luis / Diana / cafetería*
Luis y Diana almuerzan en la cafetería.

1. Meche, Salvador y Luis / patio del colegio

   _____

   _____

2. Nosotros / cafetería

   _____

   _____

3. Salvador y Luis / carro de Salvador

   _____

   _____

4. Chela / casa

   _____

   _____

5. Tú / frente a la biblioteca

   _____

   _____

6. El Sr. Gamboa / su clase

   _____

   _____

7. Yo / patio

   _____

   _____

8. Diana y la chica brasileña / cafetería

   _____

   _____

Nombre _____

Fecha _____

¡DIME! DOS

UNIDAD **1**
LECCIÓN **2**

¡A ESCRIBIR!

E **¡Gracias, profesores!** Esta noche unos compañeros y tú van a servir una comida para todos los profesores de la escuela. ¿Qué sirven las siguientes personas?

MODELO **Cecilia y tú sirven la limonada.**

1. Susana _____ la sopa.

2. Pablo y Cucho _____ la ensalada.

3. Yo _____ albóndigas.

4. Cisco y tú _____ la tortilla española.

5. Carla _____ las papas fritas.

6. Rafael y yo _____ la fruta fresca.

7. Tú _____ el pastel de manzana.

8. Nosotros _____ el café y el té.

F **¡Hago tanto!** Hoy es un día típico. Describe lo que haces en cada uno de los dibujos.

MODELO

yo / Sr. Luján

Saludo al Sr. Luján.

1. _____

_____

2. _____

_____

3. _____

_____

4. _____

_____

5. _____

_____

6. _____

_____

In this lesson you have learned to describe how people feel, shop for a gift and describe activities. You have also learned the new vocabulary listed below as well as additional vocabulary. Write all the vocabulary you have already learned under each category and add any other vocabulary which you found particularly useful in this lesson.

Para hablar de cómo te sientes

_____   _____

_____   _____

_____   _____

_____   _____

_____   _____

Para ir de compras

_____   _____

_____   _____

_____   _____

_____   _____

_____   _____

Para describir actividades

_____   _____

_____   _____

_____   _____

_____   _____

_____   _____

_____   _____

_____   _____

Regalos

arete *(m.)* _____

collar *(m.)* _____

_____

_____

juego _____

pulsera _____

_____

_____

Condiciones

estar frustrado(a) _____

estar seguro(a) _____

estar muerto(a) de hambre _____

_____

_____

_____

_____

_____

_____

Sustantivos

forma _____

impresión _____

impuesto _____

_____

_____

_____

síntoma *(m.)* _____

vecino(a) _____

_____

_____

_____

_____

Verbos

contar _____

contestar _____

_____

_____

_____

_____

_____

_____

_____

_____

_____

_____

Nombre _____

Fecha _____

Descripción

completo(a) _____   _____

rebajado(a) _____   _____

venezolano(a) _____   _____

_____   _____

_____   _____

Palabras y expresiones

Déjame ver. _____   _____

lo mismo _____   _____

¡Qué suerte! _____   _____

_____   _____

_____   _____

Nombre _____

Fecha _____

¡DIME! DOS

UNIDAD 1
LECCIÓN 3

¡A ESCUCHAR!

A **¿Quién es?** Pepita está hablando de su familia. Escucha las descripciones e identifica a los miembros de su familia. Escucha una vez más para verificar tus respuestas.

A

Salchicha

B

Panchito y Rosita

C

Felipe y Eduardo

CH

Papá

D

Mamá

1. _____   5. _____

2. _____   6. _____

3. _____   7. _____

4. _____   8. _____

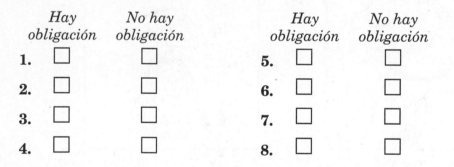

B **¿Adónde van?** Es un lunes típico y toda la familia de Pedro se está preparando para salir de la casa. ¿Adónde va cada persona? Escucha lo que dice Pedro y marca con una X el lugar adonde van las personas mencionadas. Escucha una vez más para verificar tus respuestas.

MODELO Escuchas: *Mamá va al mercado y al banco.*
Marcas: X en la intersección de **Mamá** con **mercado** y **banco.**

	Mamá	Papá	Pedro	Inés	Abuelita
mercado	X				
banco	X				
colegio					
oficina					
almacén					
gimnasio					
correos					
restaurante					
cine					

C **Planes.** Estas personas están hablando de sus planes para el fin de semana. Indica si hablan de obligaciones o no. Escucha una vez más para verificar tus respuestas.

	Hay obligación	*No hay obligación*		*Hay obligación*	*No hay obligación*
1.	☐	☐	**5.**	☐	☐
2.	☐	☐	**6.**	☐	☐
3.	☐	☐	**7.**	☐	☐
4.	☐	☐	**8.**	☐	☐

CH **Entrevista.** Primero lee esta lista de actividades. Luego escucha la entrevista entre Luisa y el locutor de un programa de radio. Al lado de cada actividad, escribe cuántos años hace que Luisa participa en ellas. Escucha una vez más para verificar tus respuestas.

1. jugar golf _____ años

2. participar en torneos municipales _____ años

3. competir en torneos nacionales _____ años

4. jugar tenis _____ años

5. tocar la guitarra en una banda _____ años

Estrategia para escuchar

Cómo captar la idea general

D   **Programas de radio.** Con frecuencia, antes de decidir qué programa de radio o televisión vamos a escuchar, recorremos varias estaciones hasta encontrar algo que nos interese. Claro que al recorrer las estaciones, sólo necesitamos escuchar unos cuantos segundos para decidir qué tipo de programa es. Escucha una parte de estos siete programas e identifica en cada caso qué tipo de programa es. Escribe el número de cada programa junto a su descripción. El primero ya está indicado. Escucha una vez más para verificar tus respuestas.

_____   pronóstico del tiempo

_____   dedicación de una canción

_____   noticiero

___1___   programa de consejos

_____   anuncio comercial

_____   programa educativo

_____   radionovela o telenovela

Escuchemos un cuento

Las ardillas. Primero lee las oraciones que siguen. Luego escucha esta historia e indica si las oraciones son **Ciertas (C)** o **Falsas (F)**. Escucha una vez más para verificar tus respuestas.

C   F   **1.** Ramón y Raquel viven con sus padres.

C   F   **2.** Según la abuela, la vida es difícil para las ardillas durante el verano.

C   F   **3.** La abuela cree que sus nietos deben jugar en el verano.

C   F   **4.** Ramón no quiere recoger nueces.

C   F   **5.** Raquel prefiere jugar con Ramón.

C   F   **6.** Al llegar el invierno, Ramón tiene hambre.

C   F   **7.** Raquel le da nueces a su hermano.

C   F   **8.** Al final, Ramón aprende a respetar las ideas de su abuela.

Nombre _____

Fecha _____

¡DIME!
DOS

UNIDAD **1**
LECCIÓN **3**

¡A ESCRIBIR!

A ¿**Cómo son?** Describe a las siguientes personas de tu familia y de tu escuela.

1. El (la) director(a) de la escuela...

   _____

   _____

2. Mi mejor amigo(a)...

   _____

   _____

3. El (la) profesor(a) de educación física...

   _____

   _____

4. La secretaria de la escuela...

   _____

   _____

5. Mis padres...

   _____

   _____

6. Mis hermanos(as)...

   _____

   _____

7. Yo...

   _____

   _____

8. Tú...

   _____

   _____

9. Todos nosotros...

   _____

   _____

B **Los sábados.** Las siguientes personas van a muchos lugares los sábados.
Escribe adónde van y qué van a hacer.

1. _____
   _____
   _____

2. _____
   _____
   _____

3. _____
   _____
   _____

4. _____
   _____
   _____

UNIDAD 1
LECCIÓN 3

¡A ESCRIBIR!

Adán

5. _____

_____

_____

tú

6. _____

_____

_____

yo

7. _____

_____

_____

¿En mi mochila? Todos tenemos cosas raras en nuestras mochilas. ¿Qué tienen las siguientes personas?

MODELO   **Raquel tiene un perfume francés en su mochila.**

	un cuaderno viejo
Raquel	un perrito
Bari y Lilia	una guitarra
nosotros	unas novelas
tú	un gatito
Lucinda y tú	un perfume francés
Toño	una raqueta de tenis
yo	un juego de collar y aretes
los chicos chilenos	una pelota de fútbol
	una pulsera

1. _____

   _____

2. _____

   _____

3. _____

   _____

4. _____

   _____

5. _____

   _____

6. _____

   _____

7. _____

   _____

8. _____

   _____

Nombre _____

Fecha _____

¡DIME!
DOS

UNIDAD **1**
LECCIÓN **3**

¡A ESCRIBIR!

CH **¡Tengo tanto que hacer!** Luz tiene mucho que hacer esta semana.
Escribe todo lo que tiene que hacer y cuándo tiene que hacerlo.

MODELO **El lunes y el jueves tiene que ir a la clase de baile.**

lunes	*ir clase de baile* *escribir composición / inglés*	*lavar platos*
martes	*hablar prof. Laora/ciencias* *estudiar examen historia*	*asistir concierto*
miércoles	*practicar bailes presentación* *hacer tarea / historia*	*lavar los platos*
jueves	*estudiar/examen historia* *ir clase de baile*	*limpiar casa* *visitar Lorenzo hospital*
viernes	*sufrir examen / historia* *enseñar clase/primeros auxilios*	
sábado/ domingo		

1. _____

   _____

2. _____

   _____

3. _____

   _____

4. _____

   _____

5. _____

   _____

6. _____

   _____

7. _____

   _____

8. _____

   _____

9. _____

   _____

10. _____

   _____

11. _____

   _____

Nombre _____

Fecha _____

¡DIME!
DOS

UNIDAD **1**
LECCIÓN **3**

¡A ESCRIBIR!

D   **¡Hace mucho tiempo!** Hace mucho tiempo que Paco y sus amigos hacen las siguientes actividades. ¿Exactamente cuánto tiempo hace?

MODELO   *Paco / tocar la trompeta / 3 años*
Hace tres años que Paco toca la trompeta.

1. Nosotros / estar en esta clase / 7 días

   _____

   _____

2. Silvia y Margarita / vivir aquí / 10 años

   _____

   _____

3. Yo / escribir poesía / 5 meses

   _____

   _____

4. Roberto / jugar jai alai / 4 años

   _____

   _____

5. Donato / asistir a este colegio / 1 semana

   _____

   _____

6. Tú / conocer a Paco / 6 años

   _____

   _____

7. Su hermano / conducir / 8 meses

   _____

   _____

8. Alicia / estudiar ruso / 7 años

   _____

   _____

Nombre _____

Fecha _____

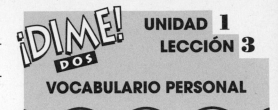

In this lesson you have learned to exchange information about where you are going, what you are going to do, what you have to do, and how long you have been doing something. You have also reviewed describing family, school and friends and have learned the new vocabulary listed below as well as additional vocabulary. Write all the vocabulary you have already learned under each category and add any other vocabulary which you found particularly useful in this lesson.

Para decir adónde vas y qué vas a hacer

_____   _____
_____   _____
_____   _____
_____   _____

Para hablar de lo que tienes que hacer

_____   _____
_____   _____
_____   _____
_____   _____

Para hablar de cuánto tiempo hace que haces algo

_____   _____
_____   _____
_____   _____
_____   _____

Para hablar de tu familia, escuela y amigos

_____   _____
_____   _____
_____   _____
_____   _____

Descripción de personas

débil _____   lento(a) _____

económico(a) _____   loco(a) _____

latinoamericano(a) _____   perezoso(a) _____

listo(a) _____   tacaño(a) _____

Música

orquesta _____   _____

saxofón _(m.)_ _____   _____

_____   _____

Sustantivos

campeonato _____   interés _(m.)_ _____

clima _(m.)_ _____   silla de ruedas _____

cultura _____   trabajador(a) _____

_____   _____

Modismos con tener

tener miedo _____   _____

tener sueño _____   _____

tener suerte _____   _____

Verbos

acampar _____   parecer _____

cantar _____   reunirse _____

esquiar _____   _____

Palabras y expresiones

Hace (siete) años que... _____   _____

me fascina _____   _____

sobre todo _____   _____

_____   _____

Nombre _____

Fecha _____

¡DIME! DOS

CON LA PALABRA EN LA BOCA

UNIDAD **1**
LECCIÓN **3**

LAS SEÑALES UNIVERSALES

 Antes de empezar. ¿Cuánto sabes sobre las señales universales de tráfico? Contesta las siguientes preguntas para ver cuánto sabes.

1. Cuando llegas al aeropuerto de Madrid, ¿qué señal ves?

2. Si quieres ir al centro y no tienes carro, ¿qué señal buscas?

3. Si tienes que llamar a tu mamá, ¿qué señal buscas?

Lectura. Ahora lee estas señales de tráfico. Después contesta las preguntas.

1. ¿Qué señales ves o debes ver cerca de tu escuela?

2. ¿Qué señales ves o debes ver cerca del centro de tu pueblo o ciudad?

3. ¿Qué significa esta señal?

4. ¿Qué significa esta señal?

5. Diseña una señal para una escuela.

6. Diseña una señal para un parque.

A   **En la arepera.** Todo el mundo está hablando en la arepera. Indica sobre quién(es) están hablando las personas. Escucha una vez más para verificar tus respuestas.

MODELO   Escuchas: *Lo vi con su ex-novia.*

Escribes: [X] debajo del chico.

1. ☐ ☐ ☐ ☐

2. ☐ ☐ ☐ ☐

3. ☐ ☐ ☐ ☐

4. ☐ ☐ ☐ ☐

5. ☐ ☐ ☐ ☐

6. ☐ ☐ ☐ ☐

7. ☐ ☐ ☐ ☐

8. ☐ ☐ ☐ ☐

B   **Nuevo vecino.** Gregorio y Marta Salinas tienen un nuevo vecino. Lee las siguientes oraciones. Luego escucha la conversación entre los dos e indica si las oraciones son **Ciertas (C)** o **Falsas (F)**. Escucha la conversación una vez más para verificar tus respuestas.

C   F   **1.** Marta conoce al nuevo vecino.

C   F   **2.** Gregorio no quiere conocerlo.

C   F   **3.** El nuevo vecino es alto.

C   F   **4.** El nuevo vecino es rubio.

C   F   **5.** Gregorio estudia karate.

C   F   **6.** Marta le presenta el nuevo vecino a su hermano.

C   F   **7.** Marta va a invitar al nuevo vecino a tomar un café.

C   F   **8.** Gregorio va a llamar al nuevo vecino.

C   **La escuela.** Durante el recreo varios estudiantes están hablando de la escuela. Escucha sus comentarios e indica de qué están hablando. Escucha una vez más para verificar tus respuestas.

MODELO   Escuchas: *Los traigo conmigo.*
             Escribes: ☒ debajo de **Los libros**

	Las clases	Los libros	El director	La tarea
1.	☐	☐	☐	☐
2.	☐	☐	☐	☐
3.	☐	☐	☐	☐
4.	☐	☐	☐	☐
5.	☐	☐	☐	☐
6.	☐	☐	☐	☐
7.	☐	☐	☐	☐
8.	☐	☐	☐	☐

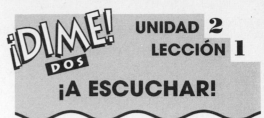

CH **Fotos.** Gabriel está enseñándote su álbum de fotos. Escucha sus comentarios e indica si las fotos son de sus parientes o de otras personas. Escucha una vez más para verificar tus respuestas.

MODELO   Escuchas: *Ellos son nuestros primos.*
Escribes: ☒ debajo de **Parientes de Gabriel**

*Parientes
de Gabriel*   *Otros*

1.   ☐   ☐

2.   ☐   ☐

3.   ☐   ☐

4.   ☐   ☐

5.   ☐   ☐

6.   ☐   ☐

7.   ☐   ☐

8.   ☐   ☐

D **Artista.** Lee las siguientes preguntas. Luego escucha esta entrevista con Mari E. Moción, una famosa cantante de rock, y selecciona la respuesta correcta. Escucha una vez más para verificar tus respuestas.

1. ¿Cuántos discos compactos tiene Mari?

   a. 4

   b. 6

   c. 10

2. ¿A quién le debe su éxito?

   a. a su novio

   b. a su familia

   c. a su banda

3. ¿Dónde empezó a cantar en público?

   a. en el parque

   b. en un teatro

   c. en la escuela

4. ¿Qué pagaron los padres de Mari?

   a. sus clases de música

   b. sus instrumentos musicales

   c. la entrada a los conciertos

5. ¿Cuántos hermanos tiene Mari?

   a. dos hermanos y dos hermanas

   b. dos hermanos y una hermana

   c. dos hermanas y un hermano

6. ¿Qué va a pasar después del anuncio comercial?

   a. los hermanos van a cantar

   b. el locutor va a hablar con otro artista

   c. Mari va a cantar

Nombre _____

Fecha _____

A **¿Qué decimos...?** Escribe el nombre de los estudiantes que aparecen en el video y en la fotonovela de esta lección de acuerdo con las siguientes oraciones.

Meche   Diana   Luis

Chela   Salvador

1. _____ invita a las chicas a comer arepas.

2. _____ tiene un hermano en la Universidad

Simón Bolívar.

3. _____ quiere saludar a Luis y a Salvador.

4. _____ acaba de mudarse de Maracaibo.

5. _____ son los amigos de Diana y de Meche.

6. _____ tienen tarea que hacer para la clase

de inglés.

7. _____ es la hermana de Meche.

8. _____ tiene un hermano pequeño y una hermana

mayor en la universidad.

¿Con cuánta frecuencia? A algunas personas las ves con mucha frecuencia y a otras de vez en cuando. ¿Cuándo ves a las siguientes personas?

MODELO *el entrenador de natación*
       Lo veo los miércoles.

1. tus mejores amigos

_____

_____

2. tus compañeras del equipo

_____

_____

3. el subdirector de la escuela

_____

_____

4. tu abuela materna

_____

_____

5. tu mamá

_____

_____

6. los profesores

_____

_____

Nombre _____

Fecha _____

¡DIME!
DOS

UNIDAD **2**
LECCIÓN **1**

¡A ESCRIBIR!

C **No lo encuentro.** La alcoba de Teresa es un desastre. Teresa no puede encontrar lo que busca. Escribe conversaciones breves entre Teresa y su mamá.

MODELO *el libro de álgebra*
  MAMÁ: **¿Buscas el libro de álgebra?**
  TERESA: **Sí, pero no lo encuentro.**

1. las carpetas

MAMÁ: _____

TERESA: _____

2. el suéter rojo

MAMÁ: _____

TERESA: _____

3. la composición para la clase de inglés

MAMÁ: _____

TERESA: _____

4. los zapatos deportivos

MAMÁ: _____

TERESA: _____

5. el diccionario de francés

MAMÁ: _____

TERESA: _____

6. los regalos para sus abuelos

MAMÁ: _____

TERESA: _____

7. la computadora

MAMÁ: _____

TERESA: _____

8. el trofeo de tenis

MAMÁ: _____

TERESA: _____

CH **Ya están haciéndolo.** Tus compañeros tienen mucho que hacer. Los chicos ya empezaron a hacer las actividades pero las chicas van a empezar más tarde. Contesta las preguntas que figuran a continuación.

MODELO   *¿Preparan la comida las chicas?*
No, pero la van a preparar más tarde. o
Sí, están preparándola.

1. ¿Compran las bebidas los chicos?

   Si están compranlas

2. ¿Aprenden la lección Ana y Laura?

   Si están Aprenden las

3. ¿Escriben cartas los chicos?

4. ¿Escuchan música Raúl y Beto?

5. ¿Toman un refresco las chicas?

6. ¿Comen el pastel Tere y Gloria?

7. ¿Leen la novela los hermanos?

8. ¿Visitan a sus abuelos las niñas?

Nombre _____

Fecha _____

¡DIME! DOS

UNIDAD 2
LECCIÓN 1

¡A ESCRIBIR!

D   **¿De quién son?** ¿Qué le pregunta la profesora a la clase y qué le contestan los alumnos? Escribe las preguntas de la profesora y las respuestas de los estudiantes.

Luis   Toño y Carlos   Marta   David   Ana   Susana

MODELO

PROFESORA: **¿De quién es la guitarra? ¿De Luis?**
    LUIS: **Sí, es mi guitarra.** o
  CARLOS: **Sí, es su guitarra.**

1. PROFESORA: _____

_____

_____

TOÑO: _____

_____

2. PROFESORA: _____

_____

_____

MARTA: _____

_____

3. PROFESORA: _____

_____

_____

CARLOS: _____

_____

4. PROFESORA: _____

_____

_____

ANA: _____

_____

5. PROFESORA: _____

_____

_____

LUIS: _____

_____

6. PROFESORA: _____

_____

_____

TOÑO: _____

_____

7. PROFESORA: _____

_____

_____

MARTA: _____

_____

8. PROFESORA: _____

_____

_____

MARTA: _____

_____

E **Son todo lo opuesto.** Un niño le habla de sus parientes a su mejor amigo, pero parece que el amigo no está de acuerdo. El amigo insiste en que los parientes son todo lo opuesto. Observa lo que el niño dice y escribe lo que su amigo le contesta.

MODELO *Mis tíos son famosos.*
   Al contrario, tus tíos son desconocidos.

1. Mi abuelo es alto.

_____

_____

2. Mi prima Elena es bonita.

_____

_____

3. Mi mamá es inteligente.

_____

_____

4. Mis primos son fuertes.

_____

_____

5. Mis tías son organizadas.

_____

_____

6. Mis hermanitos son divertidos.

_____

_____

Son de... En tu opinión, ¿de quién son estas cosas?

MODELO   **El suéter es de David.**

LAS COSAS

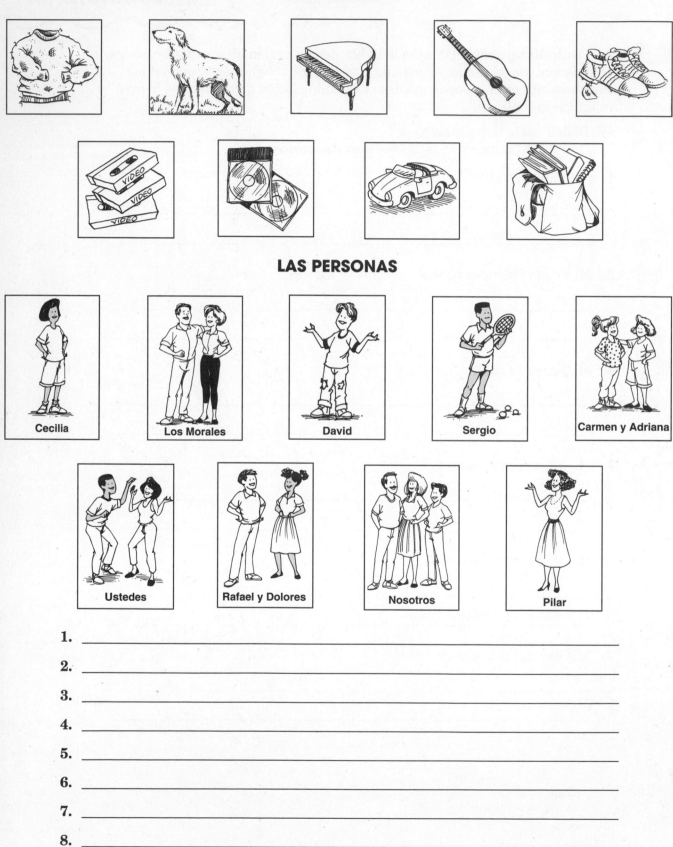

LAS PERSONAS

Cecilia

Los Morales

David

Sergio

Carmen y Adriana

Ustedes

Rafael y Dolores

Nosotros

Pilar

1. _____

2. _____

3. _____

4. _____

5. _____

6. _____

7. _____

8. _____

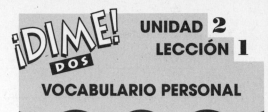

In this lesson you have reviewed how to discuss classes, ask and answer questions, and talk about possessions. You have also studied the new vocabulary listed below as well as additional vocabulary. Write all the vocabulary you have learned already under each category and add any other vocabulary that you found particularly useful in this lesson.

Para hablar del colegio y de los materiales escolares

_____ _____

_____ _____

_____ _____

_____ _____

_____ _____

_____ _____

Para hacer y contestar preguntas

_____ _____

_____ _____

_____ _____

_____ _____

_____ _____

_____ _____

Para hablar de posesiones

_____ _____

_____ _____

_____ _____

_____ _____

_____ _____

_____ _____

En un café

arepa _____

batido _____

mango _____

mesonero(a) _____

_____

_____

_____

_____

Descripción

amable _____

calientico(a) _____

escolar _____

_____

_____

_____

_____

_____

Verbos

aparecer _____   fijarse _____

apetecer _____   lavar _____

crecer _____   saludar _____

_____   _____

_____   _____

_____   _____

Palabras y expresiones

a lo mejor _____   oración _____

a menudo _____   hacer el papel _____

¡Chévere! _____   sección _____

de mi parte _____   vecino(a) _____

_____   _____

_____   _____

Nombre _____

Fecha _____

¡DIME!
DOS

UNIDAD 2
LECCIÓN 2

¡A ESCUCHAR!

A   **El fin de semana.** Carlos y sus amigos se divirtieron mucho el fin de semana pasado. Primero lee la lista. Luego escucha lo que dice Carlos e indica cuáles actividades hicieron. Escucha una vez más para verificar tus respuestas.

____	asistir a un concierto	____	ir a un partido
____	bailar	____	ir a una fiesta
____	comer pastel	____	jugar fútbol
____	comer una pizza	____	ver televisión
____	dormir hasta tarde	____	ver una película

B   **Una noche regular.** Tu amiga Linda te está contando sus actividades de anoche. Escucha lo que dice e indica la secuencia cronológica de las escenas escribiendo números del 1 al 6 debajo de los dibujos. Escucha una vez más para verificar tus respuestas.

____

____

____

____

____

____

Actividades. Emilio y Estela están comparando sus actividades del verano pasado. Escucha lo que dicen y completa el diagrama escribiendo las actividades de cada persona en la sección apropiada. Escribe las actividades que tienen en común en la intersección de los dos círculos. Escucha una vez más para verificar tus respuestas.

MODELO   Escuchas: *Fui mucho al cine.*
                    Yo también, casi todos los sábados.
         Escribes: **ir al cine** en la intersección de los círculos.

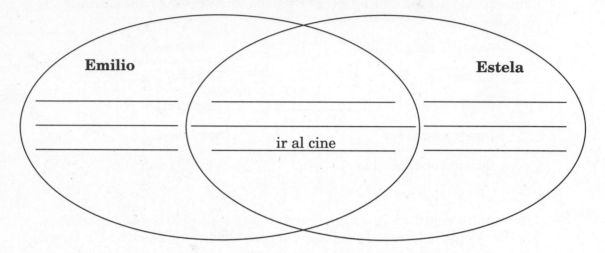

CH

Internacionales. Todos están presentándose en la primera reunión del Club Internacional de Caracas. Primero lee la lista. Luego escucha las presentaciones e indica qué países están representados. Escucha una vez más para verificar tus respuestas.

____	Canadá	____	Vietnam
____	Venezuela	____	Holanda
____	República Dominicana	____	Francia
____	Alemania	____	Grecia
____	Japón	____	Estados Unidos

D

A Colombia. Rogelio fue de viaje con su familia el verano pasado. Lee la lista de cosas que hicieron. Luego escucha la descripción de su viaje e indica la secuencia cronológica de los eventos escribiendo números del 1 al 9 en los espacios en blanco. Escucha una vez más para verificar tus respuestas.

____	comer en un restaurante elegante	____	ir al teatro
____	comprar recuerdos	____	llegar a Bogotá
____	conocer Cali	____	llegar a Cali
____	descansar	____	visitar museos
____	ir al cine		

Nombre _____

Fecha _____

¡DIME!
DOS

UNIDAD **2**
LECCIÓN **2**

¡A ESCRIBIR!

A **¿Qué decimos...?** Dibuja una línea que conecte a los siguientes personajes con las actividades que hicieron durante el verano. Debes basar tus respuestas en la información dada en la fotonovela o video de esta lección.

Luis

Vio un capibara.

Comió en un restaurante chino.

Vio una película francesa.

Vio unos programas norteamericanos en la tele.

Viajó por el Amazonas.

La visitaron sus primos alemanes.

Leyó una novela de James Bond.

Visitó a sus tíos en Colombia.

Meche

Salvador

Chela

Distintas actividades. No todos hacemos actividades divertidas durante los fines de semana. ¿Qué hicieron tú y tus amigos el fin de semana pasado?

1. Juancho _____

_____

2. Los hermanos Guzmán _____

_____

3. Gloria _____

_____

4. Papá y mamá _____

_____

5. Nosotros _____

_____

6. Yo _____

_____

7. Tú _____

_____

8. Chavela _____

_____

Nombre _____

Fecha _____

¡DIME!
DOS

UNIDAD **2**
LECCIÓN **2**

¡A ESCRIBIR!

C   **El fin de semana.** Completa estas oraciones con el pretérito del verbo indicado para describir qué hicieron tú y tus amigos durante el fin de semana pasado.

    1. Juancho y Tomás _____ (jugar) básquetbol.

    2. Yo _____ (leer) una novela romántica.

    3. Las hermanas Ruiz _____ (visitar) a sus tíos.

    4. Sergio _____ (terminar) su trabajo.

    5. Yo _____ (sacar) fotos de mis primos.

    6. Clara y Rafa _____ (comer) en un

         restaurante chino.

    7. Pablo _____ (estudiar) para el examen de ciencias.

    8. Tú les _____ (escribir) cartas a tus amigos.

    9. Nosotros _____ (ver) una película de aventuras.

   10. Lola _____ (salir) con Pedro.

El jueves pasado. Tu buen amigo Jaime se fue de la ciudad el jueves pasado y ahora quiere saber qué hicieron tú y otras personas mientras él estuvo fuera. ¿Qué te pregunta y qué le contestas?

MODELO

Lilia y Donato
¿Qué hicieron Lilia y Donato?
Fueron a una fiesta. o
Bailaron en una fiesta.

1. José

_____
_____
_____

2. Roberto y Antonio

_____
_____
_____

3. Ana

_____
_____
_____

Nombre _____

Fecha _____

¡DIME!
DOS

UNIDAD **2**
LECCIÓN **2**

¡A ESCRIBIR!

4. tú

_____

_____

_____

5. Francisco y Luis

_____

_____

_____

6. Gloria

_____

_____

_____

7. Consuelo y Marta

_____

_____

_____

8. Rico

_____

_____

¿Adónde fueron? Tú y tus amigos fueron a distintos lugares el domingo pasado. Indica adónde fueron.

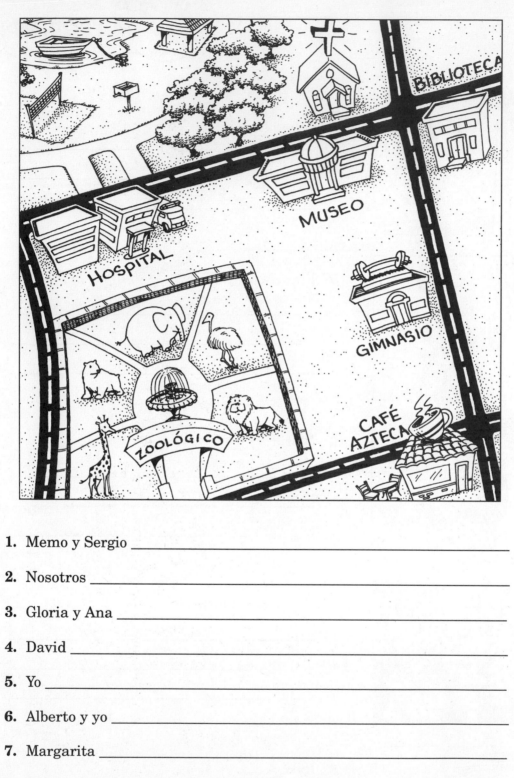

1. Memo y Sergio _____

2. Nosotros _____

3. Gloria y Ana _____

4. David _____

5. Yo _____

6. Alberto y yo _____

7. Margarita _____

8. Tú _____

Nombre _____

Fecha _____

¡DIME!
DOS

UNIDAD **2**
LECCIÓN **2**

¡A ESCRIBIR!

E **La carta.** Gabriela le escribió una carta a su abuela en la que describe sus actividades del sábado pasado. Escribe el pretérito de los verbos correspondientes.

1. ir	**5.** preparar	**9.** tocar
2. jugar	**6.** comer	**10.** empezar
3. pasear	**7.** dormirse	**11.** correr
4. subirse	**8.** cantar	**12.** preparar

Querida abuelita:

Lo pasé muy bien el sábado pasado. Ramón y yo (1) _____ al parque con nuestros amigos. Todos los chicos (2) _____ fútbol, como siempre. Delia y yo (3) _____ por el zoológico. Después, todos (4) _____ a unas lanchas. Delia y Beatriz (5) _____ el almuerzo. Yo (6) _____ demasiado y me (7) _____ por un rato después del almuerzo. Por la tarde, los chicos (8) _____ canciones románticas y Delia (9) _____ la guitarra. ¡A las cuatro (10) _____ a llover! Todos nosotros (11) _____ a casa de Lupe. Su mamá nos (12) _____ una comida fantástica. Te escribo nuevamente el jueves que viene.

Con cariño,
Gabriela

F **La semana pasada.** Escribe un párrafo en el que cuentas tus actividades de la semana pasada.

_____

_____

_____

_____

_____

_____

_____

_____

_____

_____

_____

_____

_____

_____

_____

_____

_____

_____

_____

_____

_____

_____

Nombre _____

Fecha _____

¡DIME!
DOS

UNIDAD 2
LECCIÓN 2

¡A ESCRIBIR!

G   **¡Es impresionante!** Gloria acaba de hacer un análisis del origen de las cosas en su alcoba y el resultado es impresionante. ¿De dónde vienen sus cosas?

MODELO   *guitarra / España*
         Su guitarra es española.

   1.   chaqueta / Japón

   _____

   2.   discos compactos / Inglaterra

   _____

   3.   zapatos / Guatemala

   _____

   4.   sombrero / China

   _____

   5.   blusa / Grecia

   _____

   6.   suéter / Noruega

   _____

   7.   silla / Dinamarca

   _____

   8.   mochila / Paraguay

   _____

   9.   reloj / Alemania

   _____

   10.   zapatos / Vietnam

   _____

H **Nacionalidad.** Miriam está describiendo a sus compañeros de clase. ¿Cuál es la nacionalidad de sus compañeros?

MODELO *Rosario / Argentina*
               Rosario es argentina.

1. Olga / Suecia

   _____

2. Anne Marie y Jean-Paul / Canadá

   _____

3. Penélope / Inglaterra

   _____

4. Sundeep *(m)* / India

   _____

5. Anna / Grecia

   _____

6. Rodrigo / Chile

   _____

7. David / EE.UU.

   _____

8. Franz e Irmgard / Alemania

   _____

9. Mikail / Rusia

   _____

10. Diana y Linda / Puerto Rico

   _____

Nombre _____

Fecha _____

¡DIME!
DOS

UNIDAD 2
LECCIÓN 2

VOCABULARIO PERSONAL

In this lesson you discussed cultural stereotypes, identified points of contact with other cultures, and talked about past summer vacations. You have also studied the new vocabulary listed below as well as additional vocabulary. Write all the vocabulary you have learned already under each category and add any other vocabulary that you found particularly useful in this lesson.

Nacionalidades: Contacto con otras culturas

alemán, alemana _____

brasileño(a) _____

chino(a) _____

coreano(a) _____

danés, danesa _____

escocés, escocesa _____

español(a) _____

filipino(a) _____

francés, francesa _____

griego(a) _____

holandés, holandesa _____

israelita *(m. /f.)* _____

italiano(a) _____

japonés, japonesa _____

marroquí *(m. /f.)* _____

noruego(a) _____

paquistaní *(m. /f.)* _____

portugués, portuguesa _____

ruso(a) _____

sueco(a) _____

suizo(a) _____

vietnamita *(m. /f.)* _____

_____

Para hablar de estereotipos

_____ _____

_____ _____

_____ _____

_____ _____

_____ _____

_____ _____

Para hablar del verano pasado

_____   _____

_____   _____

_____   _____

_____   _____

_____   _____

La selva tropical

científico ambiental _____   _____

salvaje _____   _____

selva _____   _____

_____   _____

_____   _____

_____   _____

Animales

anaconda _____   jaguar _____

boa _____   pájaro _____

caimán _(m.)_ _____   piraña _____

capibara _(m.)_ _____   serpiente _____

culebra _____   tapir _____

guacamayo(a) _____   _____

_____   _____

_____   _____

Verbos

asistir (a) _____   comer _____

asustar _____   correr _____

bailar _____   durar _____

beber _____   _____

_____   _____

_____   _____

A **Más grande.** Pepito y Enriquito están discutiendo sus animales favoritos. Escucha los comentarios que hacen e indica si hablan de la **serpiente** o de la **tortuga**. Escucha una vez más para verificar tus respuestas.

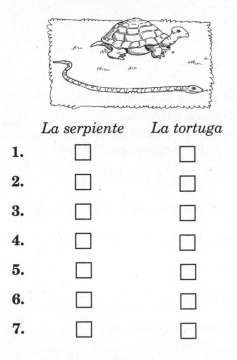

	La serpiente	*La tortuga*
1.	☐	☐
2.	☐	☐
3.	☐	☐
4.	☐	☐
5.	☐	☐
6.	☐	☐
7.	☐	☐

B **Comparaciones.** Juanita se compara a sí misma con su mejor amiga Sara. Escucha lo que dice e indica cómo se compara. Escucha una vez más para verificar tus respuestas.

MODELO Escuchas: *Sara es más alta que yo.*
Indicas: **+**
Escuchas: *Sara es menos estudiosa que yo.*
Indicas: **–**
Escuchas: *Sara tiene tantos hermanos como yo.*
Indicas: **=**

1.	+	–	=	**6.**	+	–	=
2.	+	–	=	**7.**	+	–	=
3.	+	–	=	**8.**	+	–	=
4.	+	–	=	**9.**	+	–	=
5.	+	–	=	**10.**	+	–	=

C **Centro comercial.** Un comentarista de la radio está hablando sobre un nuevo centro comercial. Indica si sus comentarios son favorables ☺ o negativos ☹. Escucha una vez más para verificar tus respuestas.

1. ☺   ☹   5. ☺   ☹

2. ☺   ☹   6. ☺   ☹

3. ☺   ☹   7. ☺   ☹

4. ☺   ☹   8. ☺   ☹

CH **Entrevista.** Primero lee las siguientes respuestas posibles. Luego escucha la entrevista entre Jorge y la Sra. Tejeda, una profesora boliviana. Entonces selecciona la mejor respuesta. En algunos casos puede haber varias respuestas correctas. Escucha una vez más para verificar tus respuestas.

1. Tamaño: menos grande que (Texas, Alaska, Georgia)

2. Población: como (Texas, Alaska, Georgia)

3. Ciudad más grande: (Phoenix, La Paz, Sucre)

4. Capitales: (Phoenix, La Paz, Sucre)

5. Idiomas oficiales: (español, quechua, aimará, guaraní)

6. Clima: (invariable, variable)

7. Selva: en el (sudoeste, centro, noreste)

8. Animales: (elefante, jaguar, capibara)

9. Costas marinas: (atlántica, pacífica, no hay)

10. Lo más interesante: (la gente, la geografía, la historia)

Estrategias para escuchar

Cómo reconocer palabras afines

D **Sudamérica.** Al escuchar el español, oímos muchas palabras afines con el inglés. Para comprender lo que oímos, es importante poder reconocer estas palabras.

Mira la siguiente lista de palabras y adivina lo que significan. Ahora escucha un programa informativo sobre Sudamérica e indica cuáles de estas palabras afines oyes. Escucha una vez más para verificar tus respuestas.

_____ contrastes	_____ productos	_____ étnicos
_____ movimiento	_____ navegable	_____ energía
_____ corriente	_____ popular	_____ zonas
_____ oeste	_____ populoso	_____ árida
_____ pico	_____ variedad	_____ área

Cómo enfocar los detalles

E **Sudamérica.** A veces, al escuchar una selección, nos interesa prestar atención a información específica. En estos casos, nos enfocamos en los detalles. Esta vez, vas a escuchar la misma selección para encontrar las respuestas a las siguientes preguntas.

Primero, lee las siguientes preguntas. Escucha la información y selecciona la mejor respuesta. Finalmente, escucha una vez más para verificar tus respuestas.

1. La cordillera de los Andes...

   a. es la más larga del mundo

   b. está situada al este del continente

   c. se extiende del este al oeste del continente

2. La Paz...

   a. es el pico más alto

   b. está situada en Argentina

   c. es la capital más alta

3. Maracaibo es...

   a. un río importante

   b. un lago alto

   c. un lago grande

4. Titicaca es...

   a. el lago navegable más alto del mundo

   b. un río navegable

   c. el lago más grande de Venezuela

5. El español es una lengua oficial en....

   a. Brasil

   b. nueve países sudamericanos

   c. todos los países de Sudamérica

6. El país más grande de América del Sur es...

   a. Brasil

   b. Argentina

   c. Perú

7. Los grupos étnicos principales consisten en...

   a. los negros y los blancos

   b. los blancos y los indígenas

   c. los blancos, los negros y los indígenas

8. El clima de Sudamérica es...

   a. tropical en todas partes

   b. variado

   c. caliente

Una historia

F

Laura, la pequeñita. Lee las oraciones que aparecen a continuación. Luego escucha esta historia e indica si las oraciones son **Ciertas (C)** o **Falsas (F)**. Escucha una vez más para verificar tus respuestas.

C   F   **1.** Laura y Mario viven en la ciudad.

C   F   **2.** Laura es menor que Mario.

C   F   **3.** A Mario le gusta jugar con Laura.

C   F   **4.** A Mario le encanta su gato.

C   F   **5.** Un día el gato se sube a un árbol.

C   F   **6.** El gato llora, diciendo "miau, miau".

C   F   **7.** Mario se sube al árbol pero no puede bajar al gato.

C   F   **8.** Laura es demasiado pequeña para subirse al árbol.

C   F   **9.** Por fin, el padre rescata al gato.

C   F   **10.** Después Laura juega mucho con el gato.

 Sudamérica. Consulta el mapa de Sudamérica en la página ix del libro de texto y contesta las siguientes preguntas.

1. Si quieres viajar por el río Amazonas desde donde nace hasta donde desemboca en el Océano Atlántico, ¿a qué país tienes que ir?

   _____

2. Nombra cinco tributarios del río Amazonas.

   _____

3. ¿Cómo se llama la ciudad principal que está localizada en la desembocadura del río Amazonas?

   _____

4. Nombra un puerto importante del río Amazonas.

   _____

5. Nombra los países que tienen tributarios del río Amazonas.

   _____

6. Nombra el país que tiene costas en dos océanos.

   _____

7. ¿Qué países son más pequeños que Ecuador?

   _____

8. ¿Qué país es más grande que Argentina?

   _____

9. Nombra dos países que no tienen costa al mar.

   _____

10. ¿Qué país es más montañoso que Perú?

   _____

11. ¿Entre qué países se encuentra el lago Titicaca?

   _____

B **Comparaciones.** En el almacén, María y Consuelo comparan todo lo que ven. ¿Qué dicen?

MODELO   *chaqueta / amarillo / caro / chaqueta / rojo*
              La chaqueta amarilla es más cara que la chaqueta roja.

1. computadora / "Maestro" / barato / computadora / "Real"

   La computadora "Maestro" es más barata que la computadora "Real"

2. bata / corto / bonito / bata / largo

   la bata corta es más bonita que la bata larga

3. zapatos / blanco / grande / zapatos / negro

   los zapatos blancos son más grandes que los zapatos negros

4. suéter / azul / elegante / suéter / verde

   el suéter azul es más elegante que el suéter verde

5. sofá / grande / cómodo / sofá / pequeño

   la sofá grande es más cómoda que la sofá pequeña

6. escritorio / negro / grande / escritorio / blanco

   el escritorio negro es más grande que el escritorio blanco.

Nombre _____

Fecha _____

¡DIME!
DOS

UNIDAD **2**
LECCIÓN **3**

¡A ESCRIBIR!

C **Comparaciones.** María y Consuelo están comparando a sus amigos.
Escribe lo que dicen.

EJEMPLO *Rubén: 16 años y alto*
Ricardo: 17 años y bajo
**Rubén es menor que Ricardo, pero Ricardo es
más bajo que Rubén.**

1. **Ana:** 17 años y rubia
   Estela: 16 años y alta

   Ana es mayor que Estela
   Ana es menos alta que Estela

2. **Rafaela:** inteligente y 18 años
   Bárbara: artística y 17 años

   Rafaela es mayor que Bárbara
   Rafaela es más inteligente que Bárbara

3. **Lilia:** trabajadora y 15 años
   David: perezoso y 16 años

   Lilia es menor que David. Lilia
   es más trabajadora que David

4. **Concepción:** 17 años y baja
   su hermana: 15 años y alta

   Concepción es mayor que su hermana.
   Concepción es menos alta que su hermana

5. **Andrés:** 16 años y cómico
   Jorge: 18 años y serio

   Andrés es menor que Jorge.
   Andrés es más cómico que Jorge.

6. **Margarita:** tímida y 19 años
   Rosa: extrovertida y 16 años

   Margarita es mayor que Rosa.
   Rosa es más extrovertida que Margarita

Aprendo muchísimo. Eliseo siempre exagera cuando habla de lo que aprende en su clase de geografía. ¿Qué dice de los siguientes lugares?

MODELO *el desierto Atacama / peligroso*
  El desierto Atacama es peligrosísimo.

1. el río Amazonas / largo

   El río Amazonas es larguísimo

2. Buenos Aires / hermoso

   Buenos Aires es hermosísimo

3. la selva / grande

   la selva es grandísima

4. los Andes / alto

   los Andes son altísimos

5. el Océano Atlántico / importante

   El Océano Atlántico es importantísimo

6. Antártida / interesante

   Antártida es interesantísima

7. la selva tropical / importante

   la selva tropical es importantísima

8. el lago Titicaca / grande

   el lago Titicaca es grandísima

Nombre _____

Fecha _____

¡DIME!
DOS

UNIDAD 2
LECCIÓN 3

¡A ESCRIBIR!

D **En la clase.** ¿Quiénes de tu clase de español, de tu escuela, del equipo de fútbol o de tu familia sobresalen por las siguientes cualidades?

EJEMPLO *inteligente*
Gloria es la más inteligente de la clase. o
Yo soy el menos inteligente de la familia.

1. inteligente

Yo soy (el) más inteligente de la clase

2. aventurero

Yo soy el más aventurero de la clase

3. simpático

George es el más simpático del equipo

4. pesimista

Fred es el menos pesimista de la clase

5. joven

Matto es el mas joven de la clase

6. desorganizado

tú es el menos desorganizado del familia

7. cómico

ella es la más cómica de la escuela

8. fuerte

Yo es el más fuerte de la clase

9. flaco

Ellas son las más flacas del equipo

10. extrovertido

Henry es el más extrovertido de la familia

In this lesson you studied vocabulary that enables you to make comparisons, discuss geography, and talk about the environment. You have also studied vocabulary to name animals and talk about the tropical forests. Write all the words that you have already learned under each category and add any other vocabulary that you found particularly useful in this lesson.

Para hacer comparaciones

_____ _____

_____ _____

_____ _____

_____ _____

_____ _____

_____ _____

Para hablar de la geografía

_____ _____

_____ _____

_____ _____

_____ _____

_____ _____

_____ _____

Para hablar del medio ambiente

árbol _____ preservar _____

desarrollo _____ producto _____

peligroso(a) _____ puerto _____

planta _____ _____

_____ _____

_____ _____

Animales

león	ratón
leopardo	tortuga
mono	tucán
pulga	

Descripción

diverso(a)	mayor
étnico(a)	menor
feroz	natural
lento(a)	

Sustantivos

cordillera	investigación
costa	océano

Verbos

comparar	localizar
desembocar	mencionar
identificar	

Palabras y expresiones

ejercicio	ser necesario
medio ambiente	tierra

El Amazonas

Find the words listed below that relate to the Amazon River, its animals, and its environs. The hidden words are written from top to bottom and from left to right. Circle the words. Then use the uncircled letters to spell a hidden message.

animal	árbol	boa	calor
caucho	león	madera	medio ambiente
nuez	orillas	pájaro	peligro
piraña	planta	pulgas	ratón
riqueza	selva	serpientes	tapir
tortugas	tropical	tributario	tucán

```
U   N   T   V   R   T   T   A   P   I   R
M   P   R   C   A   U   C   H   O   R   C
E   U   I   I   T   C   A   J   E   I   A
D   L   B   L   O   A   P   A   L   Q   L
I   G   U   E   N   N   I   R   I   U   O
O   A   T   O   O   A   R   M   S   E   R
A   S   A   N   I   M   A   L   E   Z   A
M   O   R   Z   O   N   Ñ   A   R   A   S
B   R   I   P   E   S   A   C   P   T   T
I   I   O   E   N   U   E   Z   I   O   R
E   L   M   L   P   S   P   H   E   R   O
N   L   A   I   A   E   L   A   N   T   P
T   A   D   G   J   L   A   R   T   U   I
E   S   E   R   A   V   N   B   E   G   C
E   V   R   O   R   A   T   O   S   A   A
E   R   A   B   O   A   A   L   E   S   L
```

Mensaje secreto:

¡_ _ _ _ _ _ _ _ _ _ _ _ _ _ _ _ _ _ _

_ _ _ _ _ _ _ _ _ _ _!

Nombre _____

Fecha _____

¡DIME!
DOS

UNIDAD **3**
LECCIÓN **1**

¡A ESCUCHAR!

A   **¿Hace buen tiempo?** En tu radio de onda corta oyes algunos pronósticos del tiempo. Escucha cada pronóstico y escribe la letra del dibujo correspondiente en el espacio en blanco. Escucha una vez más para verificar tus respuestas.

1. _____   2. _____   3. _____   4. _____   5. _____

B ¡Qué semana! Rafael y Susana están hablando de sus actividades de la semana pasada. Escucha lo que dicen y marca las actividades y el día con la letra inicial del nombre correspondiente. Escucha una vez más para verificar tus respuestas.

MODELO Escuchas: *El lunes fui a nadar.*
Escribes: **S** en la intersección de **Lunes** con **nadar.**

	Lunes	*Martes*	*Miércoles*	*Jueves*	*Viernes*	*Sábado*	*Domingo*
nadar	S						
cine							
ver la tele							
estudiar							
leer							
jugar tenis							
correr							
concierto							
compras							
composición							

C Una fiesta. Todos fueron a una fiesta el pasado fin de semana y tienen diferentes opiniones sobre sus experiencias. Escucha los comentarios e indica si reflejan una actitud **positiva (+)** o **negativa (–)**. Escucha una vez más para verificar tus respuestas.

1. + –   5. + –

2. + –   6. + –

3. + –   7. + –

4. + –   8. + –

Nombre _____

Fecha _____

¡DIME!
DOS
¡A ESCUCHAR!

UNIDAD 3
LECCIÓN 1

CH **En el parque.** Mira el dibujo e indica si los comentarios que escuchas se refieren a las personas en el parque que está más cerca o en el que está más lejos. Escucha una vez más para verificar tus respuestas.

MODELO   Escuchas: *Estas personas están comiendo.*
Marcas: **Cerca**

Escuchas: *Aquellas personas están comiendo.*
Marcas: **Lejos**

	Lejos	*Cerca*		*Lejos*	*Cerca*
1.	☐	☐	**5.**	☐	☐
2.	☐	☐	**6.**	☐	☐
3.	☐	☐	**7.**	☐	☐
4.	☐	☐	**8.**	☐	☐

Carta por casete. Acabas de recibir por correo este casete de tu amiga Amalia. Lee las siguientes oraciones. Luego escucha el casete e indica si cada oración es **Cierta (C)** o **Falsa (F)**. Escucha una vez más para verificar tus respuestas.

C F **1.** Amalia se divirtió mucho el fin de semana pasado.

C F **2.** Hizo buen tiempo.

C F **3.** Fue al cine con Nilda.

C F **4.** Visitó un estudio de televisión.

C F **5.** Conoció a un actor muy famoso.

C F **6.** El primo de Nilda es locutor de radio.

C F **7.** El tío de Nilda invitó a Amalia a cenar con ellos.

C F **8.** A Amalia le gustó mucho la comida.

A **¿Qué decimos...?** Escribe la respuesta correspondiente a las siguientes preguntas y comentarios sacados del video y de la fotonovela de esta lección.

Respuestas:
Espero que sí.
Pues, es muy pronto para hacer planes.
Faltan quince minutos.
Al contrario, señor Miranda. El gusto es mío.
Pon un anuncio... ¡ahora!
Se cayó de una bolsa de papel común y corriente.

1. IRENE: ¿Cuánto tiempo falta?

LUIS: _____

2. IRENE: Papá te puede ayudar, estoy segura.

LUIS: _____

3. SR. MIRANDA: ¿Cómo lo encontró?

SR. RIVERA: _____

4. SR. MIRANDA: ¿Y ya tienes planes para el dinero?

SR. RIVERA: _____

5. SR. MIRANDA: Es un placer hablar con usted.

SR. RIVERA: _____

6. LUIS: ¡Ay, caramba!

SR. MIRANDA: _____

Pronóstico del tiempo. Basándote en el siguiente mapa meteorológico escribe el pronóstico para mañana en las siguientes ciudades del mundo.

MODELO   *Caracas*
      En Caracas va a hacer sol y calor.

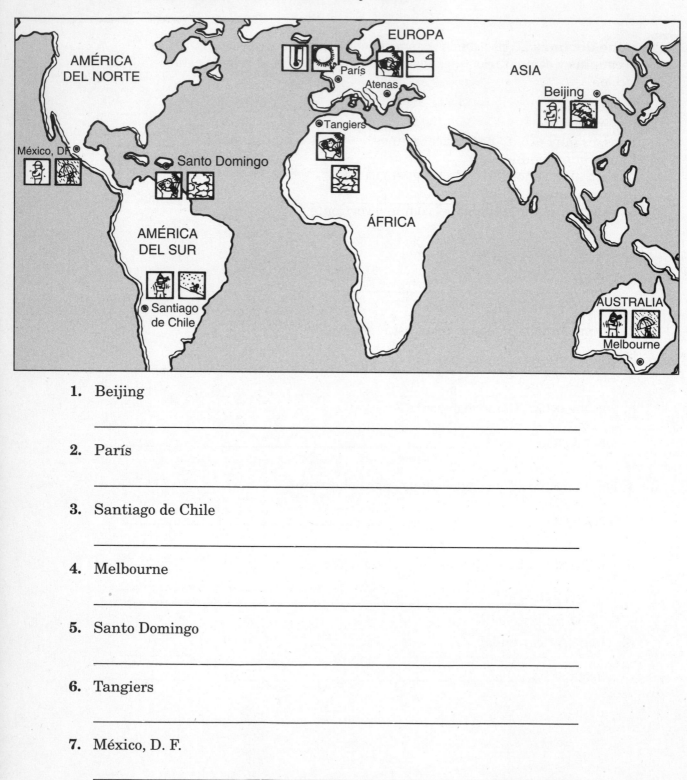

1. Beijing

_____

2. París

_____

3. Santiago de Chile

_____

4. Melbourne

_____

5. Santo Domingo

_____

6. Tangiers

_____

7. México, D. F.

_____

8. Atenas

_____

Nombre _____

Fecha _____

¡DIME! DOS

UNIDAD 3
LECCIÓN 1

¡A ESCRIBIR!

C **Hace calor.** ¿Qué tiempo hace cuando participas en las siguientes actividades?

MODELO   *nadar*
Nado cuando hace calor.

1. esquiar (en la nieve)

_____

_____

2. arreglar el garaje

_____

_____

3. trabajar en el jardín

_____

_____

4. salir a pasear con amigos

_____

_____

5. jugar tenis

_____

_____

6. leer un libro policíaco

_____

_____

7. comer helado

_____

_____

CH **¡Nadie fue!** ¿Qué pasó el día de la recepción en la Embajada de Bolivia? ¿Por qué no fueron los estudiantes de la clase de Español 2? Para saber las respuestas a estas preguntas, completa las siguientes oraciones con el pretérito de **querer** o **tener**.

1. Chucho _____ ir a la recepción pero _____ que visitar a sus abuelos.

2. Raquel y Lola _____ ir pero _____ que trabajar.

3. Tú _____ ir pero _____ que estudiar para un examen.

4. La profesora _____ ir pero _____ que calificar exámenes.

5. Yo _____ ir pero _____ que preparar la comida.

6. Las hermanas Tollán _____ ir pero _____ que ir a la clase de baile.

7. Nosotros _____ ir pero _____ que hacer otras cosas.

D **Un día terrible.** Jaime está hablando por teléfono con su amigo Ernesto. Le describe lo que pasó ayer. Para saber lo que dice, completa el siguiente párrafo con el pretérito de los siguientes verbos.

1. ser	4. hacer	7. traer	10. estar
2. querer	5. andar	8. estar	11. decir
3. poder	6. decir	9. poner	12. tener

(1) ¡_____ terrible! Vi el otro coche y (2) _____ parar pero no (3) _____. Sé que (4) _____ todo lo posible para evitarlo pero... Rápidamente (5) _____ dos cuadras hasta una tiendita y llamé a papá. Él me (6) _____ que regresara al carro. Papá (7) _____ a la policía y ellos analizaron el accidente. (8) _____ allí por más de una hora. Claro, yo me (9) _____ muy nervioso y (10) _____ intranquilo hasta que uno de los policías (11) _____ que yo no (12) _____ la culpa.

E   **¡Éxito!** La fiesta del Club de Español fue fantástica. ¿Por qué salió tan bien?

MODELO   **Pilar trajo los refrescos.**

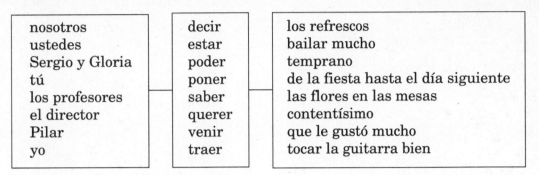

1. _____

   _____

2. _____

   _____

3. _____

   _____

4. _____

   _____

5. _____

   _____

6. _____

   _____

7. _____

   _____

8. _____

   _____

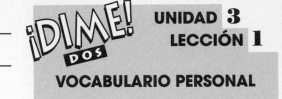

In this lesson you learned to describe past events and activities, predict and describe the weather, and point out specific people and things. You have also learned the new vocabulary listed below plus additional vocabulary. Write all the vocabulary you have learned already under each category and add any new vocabulary that you found particularly useful in this lesson.

Para describir eventos y actividades del pasado

_____ _____

_____ _____

_____ _____

_____ _____

_____ _____

Para señalar cosas y personas

_____ _____

_____ _____

_____ _____

_____ _____

_____ _____

El tiempo

centígrado _____   mínimo(a) _____

grado _____   nublado(a) _____

lluvia _____   occidental _____

llovizna _____   occidente *(m.)* _____

lloviznar _____   oriental _____

máximo(a) _____   oriente *(m.)* _____

_____ _____

_____ _____

El incidente

autoridad *(f.)* _____

basura _____

basurero _____

bolsa _____

común y corriente _____

empleado(a) _____

honesto(a) _____

_____

_____

_____

honor *(m.)* _____

incidente *(m.)* _____

insólito(a) _____

plata _____

reclamar _____

vaciar el basurero _____

_____

_____

_____

Palabras y expresiones

a eso de _____

aislado(a) _____

contrario _____

al contrario _____

por el contrario _____

_____

_____

_____

escrito(a) _____

faltar tiempo _____

por escrito _____

policíaco(a) _____

posibilidad _____

_____

_____

_____

UNIDAD 3
LECCIÓN 2

¡A ESCUCHAR!

A **Después de las clases.** La mamá de Pablo lo llama por teléfono después de las clases para decirle lo que debe hacer. Indica cuáles de estas tareas debe hacer Pablo. No indiques las cosas que no debe hacer. Escucha una vez más para verificar tus respuestas.

_____ comer un sándwich

_____ empezar a preparar la comida

_____ hablar por teléfono

_____ hacer la tarea

_____ lavar el perro

_____ lavar los platos

_____ limpiar el cuarto

_____ organizar el armario

_____ poner la mesa

_____ ver televisión

B **Con el médico.** Estás en la oficina del médico y oyes estos mandatos. ¿Hablan estas personas con un adulto o con un niño? Escucha una vez más para verificar tus respuestas.

1. ☐ ☐

2. ☐ ☐

3. ☐ ☐

4. ☐ ☐

5. ☐ ☐

6. ☐ ☐

7. ☐ ☐

8. ☐ ☐

C **Arte.** En una clase de arte recibes estas instrucciones. Síguelas. Escucha una vez más y completa el dibujo. Reúnete en grupo y verifica el dibujo junto con tus compañeros.

 Consejos. Todas estas personas siguen los consejos de sus amigos. Indica el dibujo que corresponde al consejo. Escucha una vez más para verificar tus respuestas.

_____

_____

_____

_____

_____

_____

D **Una receta.** Quieres aprender a hacer flan. Tu amiga Rosa te dio esta receta por teléfono pero no la escribiste bien la primera vez. Escucha la receta y complétala. Escucha una vez más para verificar la receta.

INGREDIENTES

Flan

2 tazas de leche

4 _____

1 taza de azúcar

1 cucharadita de vainilla

Caramelo

1/4 de taza de _____

unas gotitas de jugo de limón

INSTRUCCIONES

En una cacerola, mezcla el 1/4 de taza de azúcar y el jugo de limón y calienta _____ hasta que el azúcar se vuelva líquido y dorado.

En otra cacerola, pon la _____ y la vainilla a hervir. Aparte, mezcla los huevos con el azúcar. Ahora, échale la leche caliente poco a poco. _____ la mezcla en la primera cacerola y pon ésta en una cacerola más grande con agua hirviendo. Pon todo al horno a 350 grados por una _____ o más. Al sacar el flan del horno, déjalo enfriar por varias horas antes de servirlo.

A   **¿Qué decimos...?** ¿De qué anuncio vienen los siguientes comentarios?, ¿del de "Doña Arepa" o de "Piel Perfecta"?

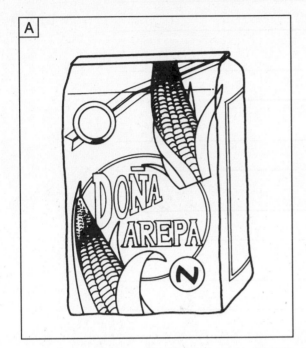

1. _____   Para evitar las quemaduras del sol.

2. _____   La mejor harina.

3. _____   Tienen un sabor incomparable.

4. _____   Para protegerte de los rayos dañinos del sol.

5. _____   ¡Compre lo mejor!

6. _____   Rellénelas con jamón.

7. _____   ¿Te pusiste loción protectora?

8. _____   La loción que más protección ofrece.

¡**Enseguida!** Tus profesores te dicen constantemente lo que tienes que hacer. ¿Qué te dicen?

1. escribir / composición _____

   _____

2. poner / atención _____

   _____

3. no comer / en clase _____

   _____

4. llegar / a tiempo _____

   _____

5. escuchar / bien _____

   _____

6. usar / bolígrafo _____

   _____

7. sacar / buenas notas _____

   _____

8. no hablar / tanto _____

   _____

9. recordar / fecha _____

   _____

10. no salir / temprano _____

   _____

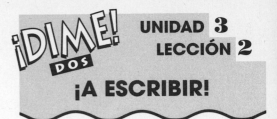
C **¡Hermanita!** ¿Qué mandatos le das a tu hermanita?

MODELO

Haz tu cama.

1. _____

2. _____

3. _____

4. _____

5. _____

6. _____

Nombre _____

Fecha _____

¡DIME!
DOS

UNIDAD **3**
LECCIÓN **2**

¡A ESCRIBIR!

CH **¿Te ayudo?** Tu mamá siempre tiene mucho que hacer. Por eso, tú siempre le preguntas si puedes ayudarla. ¿Qué le preguntas y qué te contesta ella?

MODELO *hacer las camas (sí)*
TÚ: **¿Hago las camas?**
MAMÁ: **Sí, hazlas, por favor.**

1. limpiar el patio (sí)

   TÚ: _____

   MAMÁ: _____

2. arreglar los muebles (no)

   TÚ: _____

   MAMÁ: _____

3. lavar los platos (sí)

   TÚ: _____

   MAMÁ: _____

4. sacar la basura (sí)

   TÚ: _____

   MAMÁ: _____

5. abrir las ventanas (no)

   TÚ: _____

   MAMÁ: _____

6. apagar las luces (sí)

   TÚ: _____

   MAMÁ: _____

7. preparar el almuerzo (sí)

   TÚ: _____

   MAMÁ: _____

8. desenchufar el televisor (no)

   TÚ: _____

   MAMÁ: _____

9. bañar el perro (no)

TÚ: _____

MAMÁ: _____

10. pasar la aspiradora (sí)

TÚ: _____

MAMÁ: _____

D **El trofeo.** Tu amigo Luis va a recibir un trofeo esta noche por ser el jugador más valioso del equipo. Está nervioso. ¿Qué consejos le das?

MODELO *ponerse / corbata*
Ponte una corbata.

1. llegar / a tiempo

_____

_____

2. no estar / nervioso

_____

_____

3. llevar / camisa blanca

_____

_____

4. ser / honesto

_____

_____

5. hablar / voz clara

_____

_____

6. darle las gracias / todos

_____

_____

Nombre _____

Fecha _____

¡DIME!
DOS

UNIDAD **3**
LECCIÓN **2**

¡A ESCRIBIR!

E **¡Qué nervioso!** El entrenador del equipo tiene que presentarle el trofeo a tu amigo. Él también está nervioso. ¿Qué consejos le da el presidente del campeonato al entrenador? Usa mandatos formales.

MODELO *darle las gracias / todos los jugadores*
Deles las gracias a todos los jugadores.

1. llevar / traje

   _____

   _____

2. no hablar / demasiado

   _____

   _____

3. no olvidar / trofeo

   _____

   _____

4. poner / trofeo sobre la mesa

   _____

   _____

5. llegar / temprano

   _____

   _____

6. no estar / nervioso

   _____

   _____

Vamos a la capital. Tu clase de historia va a hacer una excursión a la capital del estado. ¿Qué les dice la directora de la escuela a los estudiantes el día anterior a la excursión?

MODELO   *ser corteses*
         Sean corteses.

1. llegar temprano

   _____

   _____

2. no cantar en el autobús

   _____

   _____

3. llevar ropa apropiada

   _____

   _____

4. no olvidar sus cuadernos

   _____

   _____

5. traer dinero para el almuerzo

   _____

   _____

6. no hablar en voz alta

   _____

   _____

7. hacer buenas preguntas

   _____

   _____

8. dar las gracias

   _____

   _____

Nombre _____

Fecha _____

¡DIME!
DOS

UNIDAD **3**
LECCIÓN **2**

¡A ESCRIBIR!

G **Para mantenerse en forma.** La enfermera de la escuela está hablando en la clase de gimnasia. ¿Qué les dice a los alumnos?

MODELO

No coman comida con muchas calorías.

1. _____

_____

2. _____

_____

3. _____

_____

4. _____

_____

5. _____

_____

6. _____

_____

7. _____

_____

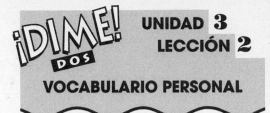

In this lesson you learned to give advice and to give orders. You have also learned the new vocabulary listed below as well as additional vocabulary. Write all the vocabulary you have learned already under each category and add any new vocabulary that you found particularly useful in this lesson.

Para dar consejos

_____   _____

_____   _____

_____   _____

_____   _____

_____   _____

Para dar mandatos

_____   _____

_____   _____

_____   _____

_____   _____

_____   _____

Arepas

harina _____   rellenar _____

incomparable _____   sabor _____

miguita _____   _____

_____   _____

_____   _____

_____   _____

Quemaduras del sol

dañino

evitar

loción protectora

piel (f.)

protección

proteger

quemado(a)

quemadura

rayo

El canal de TV

a continuación

apagar

cámara

desenchufar

informativo(a)

interrupción

noticiero

programación

serie (f.)

técnico(a)

Verbos

despedirse de

enseñar

permanecer

portarse

sustituir

Palabras y expresiones

abierto(a)

barato(a)

consejo

deshonesto(a)

por casualidad

¡Ven acá!

Nombre _____

Fecha _____

¡DIME!
DOS

UNIDAD 3
LECCIÓN 3

¡A ESCUCHAR!

A   **De niño.** Miguel habla de sus actividades favoritas cuando era niño. Escucha e indica cuáles eran las actividades que le gustaba hacer. Escucha una vez más para verificar tus respuestas.

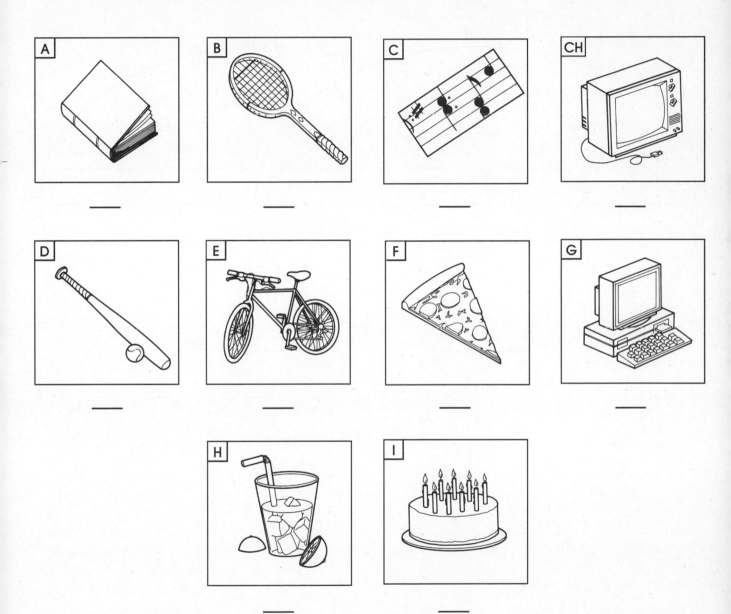

Actividades. Carlota y Adolfo están hablando de su juventud. ¿Cómo se comparan sus actividades? Escribe las actividades de cada persona en los círculos correspondientes y las actividades que tienen en común en la intersección de los círculos. Escucha una vez más para verificar tus respuestas.

MODELO Escuchas: —*Yo tenía clases de baile. Bailaba todos los fines de semana.*
   —*Yo, no. ¡Qué aburrido!*

   Escribes: **baile** en el círculo de **Carlota**

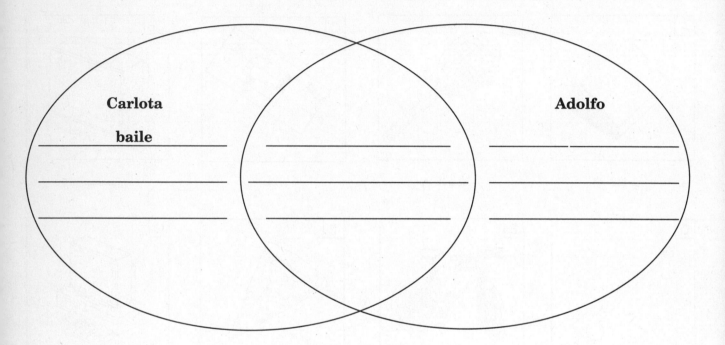

Carlota

baile

Adolfo

Nombre _____

Fecha _____

¡DIME! DOS

UNIDAD **3**
LECCIÓN **3**

¡A ESCUCHAR!

C **Todos los días.** Todo el mundo tiene una rutina diferente. ¿Qué hacen estas personas todos los días a las siete de la mañana? Escucha los comentarios y escribe el nombre de la persona debajo del dibujo correspondiente. Escucha una vez más para verificar tus respuestas.

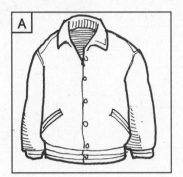
A

_____

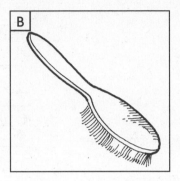
B

_____

C

_____

CH

_____

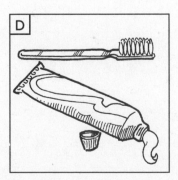
D

_____

E

_____

¡Qué rutina! Este profesor tenía una rutina muy poco común cuando estudiaba en la universidad. Escucha lo que dice e indica la hora de sus actividades diarias. Escucha una vez más para verificar tus respuestas.

MODELO   Escuchas: *Me despertaba todos los días al mediodía.*
                      Escribes: **12:00 pm**. al lado de **despertarse**

despertarse   **12:00 pm**

levantarse   _____

desayunar   _____

afeitarse   _____

vestirse   _____

ir a la biblioteca a estudiar   _____

quitarse los zapatos   _____

ir al trabajo   _____

cenar   _____

acostarse   _____

Estrategia para escuchar

Cómo predecir el contenido

D **Un nuevo champú.** Al escuchar el título de un programa o el tipo de producto que alguien quiere vendernos, nos formamos una idea de lo que nos van a decir. Mira la siguiente lista de palabras y selecciona las que esperas oír en un anuncio para un nuevo champú. Luego escucha el anuncio e indica cuáles de las siguientes palabras oyes. Escucha una vez más para verificar tus respuestas.

	Esperas oír	*Oyes*
contraste	_____	_____
cuesta	_____	_____
económico	_____	_____
emocionado	_____	_____
fiesta	_____	_____
hablen	_____	_____
hermoso	_____	_____
laven	_____	_____
limpio	_____	_____
mejor	_____	_____
pelo	_____	_____
popular	_____	_____
producto	_____	_____
vayan	_____	_____
viejo	_____	_____

Una historia

El chico que lo quería todo. Lee las oraciones que aparecen a continuación. Después escucha esta historia y selecciona la mejor respuesta. Escucha una vez más para verificar tus respuestas.

1. A Mauricio le gustaba...

   a. jugar con sus amigos

   b. ver televisión

   c. ir de compras

2. Los padres de Mauricio...

   a. tenían mucho dinero

   b. no compraban nada para su hijo

   c. querían mucho a su hijo

3. Un día Mauricio descubrió...

   a. muchas cosas en su cuarto

   b. una bicicleta en su armario

   c. mucho dinero en su cama

4. Después de un rato...

   a. la hermanita de Mauricio se puso contenta

   b. los padres de Mauricio tuvieron que trabajar más

   c. todos fueron al médico

5. Finalmente Mauricio decidió que quería...

   a. tener más cosas

   b. ser locutor de televisión

   c. volver a su vida de antes

6. Al final los padres de Mauricio...

   a. descubrieron que estaba soñando

   b. le compraron más cosas

   c. lo llevaron al médico

A   **El cuento.** Usa las palabras que figuran a continuación para completar el resumen del cuento policíaco que escribió Luis.

papel	bolsa
sentó	parque
almuerzo	bancos
había	cajero
comía	hacía
dinero	guardaba

_____ una vez una viejita que _____ el

dinero en su colchón porque no confiaba en los _____ . Pero

un día, cuando _____ muy buen tiempo, decidió ir al banco a

depositar su _____ . Lo metió en una _____

de papel. De camino al banco, se _____ a comer en el

_____ . Mientras _____ tomaba el sol y

pensaba en su dinero. Al llegar al banco, saludó al cajero y le dio la bolsa

de _____ . El _____ abrió la bolsa y ¡no

encontró nada más que los restos del _____ de la viejita!

B ¡**Qué sorpresa!** ¿Qué hacía todo el mundo cuando tus abuelos le hicieron una visita por sorpresa?

MODELO *Margarita / bañarse*
Margarita se bañaba.

1. tíos / mirar la tele

_____

_____

2. Julio y Carlos / jugar fútbol en el patio

_____

_____

3. yo / hablar por teléfono

_____

_____

4. el bebé / llorar incesantemente

_____

_____

5. papá y mamá / trabajar

_____

_____

6. mi hermano / lavar los platos

_____

_____

7. mi hermana / reparar su bicicleta

_____

_____

8. todos nosotros / estar ocupados

_____

_____

Nombre _____

Fecha _____

¡DIME!
DOS

UNIDAD **3**
LECCIÓN **3**

¡A ESCRIBIR!

C **Cuando tenía ocho años...** Ricardo tiene que describir lo que hacía cuando tenía ocho años. Ayúdalo a completar su cuento con los verbos apropiados.

1. ser
2. comer
3. pasear
4. ir
5. jugar
6. insistir

7. beber
8. ayudar
9. poner
10. lavar
11. ver
12. acostarse

Cuando tenía ocho años, (1) _____ muy flaquito. ¡Pero

(2) _____ todo el tiempo! (3) _____

en bicicleta todos los días. Mis amigos y yo (4) _____ al

parque los sábados y (5) _____ fútbol. Mi amigo

Gustavo siempre (6) _____ en comer helado después

del partido. Mis otros amigos (7) _____ limonada.

Yo siempre (8) _____ a mamá. (9) _____

la mesa y (10) _____ los platos. Por la noche yo

(11) _____ la tele por una hora y

(12) _____ a las nueve.

El álbum. Clara y su abuelo miran el álbum de fotos de la familia.
¿Qué le pregunta Clara a su abuelo y qué le contesta él?

MODELO

Riqui

CLARA: **¿No tenía pelo Riqui?** o
¿Bebía mucha leche?
ABUELO: **No, no tenía pelo.** o
Sí, bebía mucho.

abuelo

1. CLARA: _____
_____

ABUELO: _____
_____

tía
Rosa   abuela

2. CLARA: _____
_____

ABUELO: _____
_____

Clara   Riqui

3. CLARA: _____
_____

ABUELO: _____
_____

Nombre _____

Fecha _____

¡DIME!
DOS

UNIDAD **3**
LECCIÓN **3**

¡A ESCRIBIR!

mamá   papá

4. CLARA: _____

_____

ABUELO: _____

_____

abuela   papá   mamá
abuelo   Clara
Riqui
PINTA

5. CLARA: _____

_____

ABUELO: _____

_____

tía Rosa

mamá

6. CLARA: _____

_____

ABUELO: _____

_____

7. CLARA: _____

_____

ABUELO: _____

_____

Rutina matutina. Pon en orden cronológico tus actividades de la mañana. El número de la primera ya está indicado. Luego escribe un párrafo en el que describas tu rutina matutina.

Por la mañana

_____ desayunar con mi familia

_____ ponerse las zapatillas y la bata

_____ lavarse la cara

_____ levantarse a las siete

_____ lavarse los dientes

___1___ despertarse a las seis y media

_____ ponerse unos jeans y una camiseta

_____ salir para la escuela a las ocho menos diez

_____

_____

_____

_____

_____

_____

_____

_____

_____

_____

_____

_____

_____

_____

_____

_____

_____

Nombre _____

Fecha _____

¡DIME!
DOS

UNIDAD **3**
LECCIÓN **3**

¡A ESCRIBIR!

E   **Rutina nocturna.** Pon en orden cronológico tus actividades de la noche. El número de la primera ya está indicado. Luego escribe un párrafo en el que describas tu rutina nocturna.

Por la noche

_____ bañarse   _____ ver la tele

_____ quitarse la ropa   _____ dormirse inmediatamente

_____ cepillarse el pelo   _____ hacer la tarea

_____ acostarse a las diez   __1__ cenar con mi familia

_____ ponerse las piyamas   _____ lavarse los dientes

_____

_____

_____

_____

_____

_____

_____

_____

_____

_____

_____

_____

_____

_____

_____

_____

In this lesson you learned to describe daily routines and to narrate an incident in the past. You have also learned the new vocabulary listed below plus additional vocabulary. Write all the vocabulary you have learned already under each category and add any new vocabulary that you found particularly useful in this lesson.

Para hablar del pasado

_____   _____

_____   _____

_____   _____

_____   _____

_____   _____

_____   _____

Para describir tu rutina de la mañana

_____   _____

_____   _____

_____   _____

_____   _____

_____   _____

_____   _____

Para describir tu rutina de la noche

_____   _____

_____   _____

_____   _____

_____   _____

El cuento

acercarse (a)	guardar
agitado(a)	meter
ahorrado(a)	misterio
caja	paciencia
cajero(a)	restos
colchón *(m.)*	resolver
con cuidado	secreto(a)
confiar en	seguro(a)
decisión *(f.)*	sorpresa
depositar	sugerencia
entregar	viejito(a)
fortuna	

Verbos

bailar	correr
cepillarse	salir

Palabras y expresiones

cronológico(a)	orden
cuestionario	subtítulo
encuesta	suceso

Nombre _____

Fecha _____

¡DIME!
DOS

UNIDAD **3**
LECCIÓN **3**

CON LA PALABRA EN LA BOCA

LA INFLUENCIA DEL ÁRABE

A **Antes de empezar.** En inglés, como en todas las lenguas, hay muchas influencias de otros idiomas. Por ejemplo, ya conoces algunas influencias del español. ¿Cuántos ejemplos puedes dar de la influencia del español, del italiano, del alemán y del francés en el inglés? Ya aparece indicado un ejemplo de cada lengua.

1. Influencia del español en el inglés:

lasso _____   _____   _____

_____   _____   _____

_____   _____   _____

2. Influencia del italiano en el inglés:

piano _____   _____   _____

_____   _____   _____

_____   _____   _____

3. Influencia del alemán en el inglés:

sauerkraut _____   _____   _____

_____   _____   _____

_____   _____   _____

4. Influencia del francés en el inglés:

connoisseur _____   _____   _____

_____   _____   _____

_____   _____   _____

Lectura. Ahora lee el siguiente texto sobre la influencia del árabe en el español.

LA INFLUENCIA DEL ÁRABE

En el año 711 d.C. los moros del norte de África invadieron España. En poco tiempo conquistaron la mayor parte de la península ibérica, ocupándola por casi ochocientos años. Durante ese tiempo la cultura árabe influyó muchísimo en la cultura de los habitantes de la península. Todavía se ve por toda España la influencia árabe en la arquitectura, la comida, la música, la agricultura y en particular, en el idioma español. No nos sorprende, entonces, que aún un héroe nacional de la literatura épica de España lleve un título de origen árabe: El Cid. Es totalmente natural que el árabe, la lengua de los conquistadores, influyera en la lengua de los conquistados después de casi ochocientos años de coexistencia. La influencia de la lengua árabe abarca todos los aspectos principales de la cultura española de la época: el gobierno, la cocina, la arquitectura, las ciencias, la agricultura, la literatura y la vida diaria.

Muchas palabras españolas que empiezan con **al** son palabras que vienen de origen árabe: alcalde, almacén, almohada. También hay muchas palabras de agricultura de origen árabe: alberca, noria, aceite, alcachofa, sandía.

C

Verifiquemos. A continuación hay dos listas. La primera contiene palabras árabes; la segunda, las palabras equivalentes en español. Pon la letra de cada palabra en español al lado de la palabra árabe correspondiente.

En árabe	En español
_____ 1. al cotón	**a.** albaricoque
_____ 2. alquiré	**b.** almanaque
_____ 3. alquifol	**c.** almacén
_____ 4. al gobbah	**ch.** alfombra
_____ 5. lazurd	**d.** naranja
_____ 6. al barcoque	**e.** algodón
_____ 7. naranch	**f.** ojalá
_____ 8. al jebre	**g.** alcoba
_____ 9. almajzen	**h.** alcohol
_____ 10. aljomra	**i.** álgebra
_____ 11. ua xa Alah	**j.** azul
_____ 12. almanaj	**k.** alquiler

Nombre _____

Fecha _____

¡DIME!
DOS

UNIDAD 4
LECCIÓN 1

¡A ESCUCHAR!

A **¿Qué hacías?** Estás entrevistando a un señor de tu pueblo para saber cómo eran las cosas en años pasados. Vas a tomar notas para escribir una composición sobre su juventud. Escucha lo que dice el anciano y escribe las actividades en el lugar apropiado. Escucha una vez más para verificar tus respuestas.

MODELO Escuchas: *En la escuela primaria jugaba mucho con mis amiguitos.*

Escribes: **jugar con amiguitos**

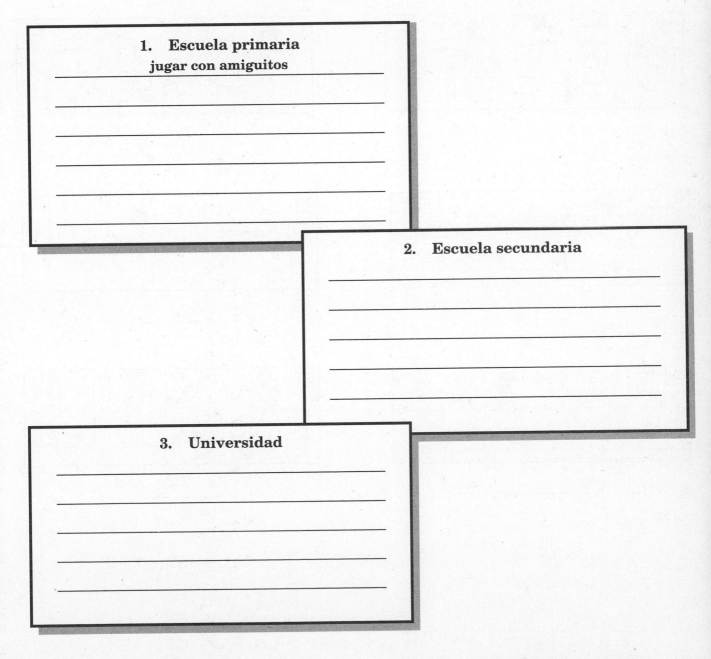

1. **Escuela primaria**
   jugar con amiguitos
   _____
   _____
   _____
   _____
   _____

2. **Escuela secundaria**
   _____
   _____
   _____
   _____
   _____

3. **Universidad**
   _____
   _____
   _____
   _____
   _____

B

Quehaceres. La señora Salinas y sus hermanos tenían ciertos quehaceres cada fin de semana cuando eran jóvenes. ¿En qué orden los hacían? Escribe el número de cada actividad en el espacio en blanco. Escucha una vez más para verificar tus respuestas.

C **De El Salvador.** Gabriel acaba de mudarse de El Salvador y está hablando de su vida en ese país. ¿Cuáles de estas actividades hacía? Escucha una vez más para verificar tus respuestas.

____ almorzar tarde

____ bailar en la discoteca

____ cenar a las nueve

____ dormir hasta tarde los sábados

____ ir al cine

____ jugar fútbol

____ llevar uniforme

____ pasear por la plaza

____ salir con la novia

____ salir en grupos

____ tomar muchas clases

____ tomar refrescos

CH **¿Cuánto tiempo hace?** Los violinistas de la orquesta sinfónica empezaron a tocar el violín a diferentes edades. ¿Cuánto tiempo hace que cada uno empezó a tocar el violín? Escucha una vez más para verificar tus respuestas.

Miguel: hace _____ años

Margarita: hace _____ años

Francisco: hace _____ años

Carolina: hace _____ años

Paulina: hace _____ años

Así era. La mamá de Celia y Carlitos está hablando de su vida de niña y de joven. Escucha lo que dice e indica si hacía las cosas mencionadas cuando estaba en la escuela **primaria** o en la escuela **secundaria.** Escucha una vez más para verificar tus respuestas.

	Primaria	Secundaria
caminar a la escuela	☐	☐
tomar el autobús	☐	☐
jugar béisbol	☐	☐
participar en el club de arte	☐	☐
tomar clases de baile	☐	☐
aprender karate	☐	☐
ir al cine	☐	☐
ir al parque	☐	☐
hacer la tarea por la tarde	☐	☐

Nombre _____

Fecha _____

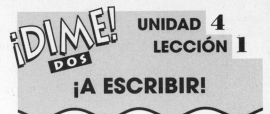

A **¿Qué decimos?** Numera en orden cronológico las siguientes oraciones y así podrás contar lo que pasó en la fotonovela de esta lección. Luego escríbelas nuevamente en un párrafo.

1. Hace muchísimos años que papá la construyó. _____

2. Está lleno de cosas del pasado —de cuando Meche y Diana eran pequeñas, de cuando su papá era un niño y hasta de cuando la abuela era joven. _____

3. La cajita de abuelita es muy vieja. _____

4. El armario está muy desorganizado. _____

5. Hay una especie de jaula. _____

6. Meche y Diana siempre jugaban el juego de damas cuando llovía. _____

7. Hace años que nadie lo arregla. _____

8. En ella guardaba sus tesoros más queridos —sus zarcillos, sus pulseras, sus collares y la primera carta que le escribió el abuelo. _____

9. El osito de peluche era el juguete favorito de Meche. _____

_____

_____

_____

_____

_____

_____

_____

_____

_____

_____

B **Durante el verano.** ¿Adónde iban las siguientes personas y qué veían todos los miércoles del verano?

MODELO *Mateo / parque / árboles*
Mateo iba al parque y veía los árboles.

1. Isabel y Chavela / parque de diversiones / juegos mecánicos

_____

_____

_____

2. nosotros / museo / estatuas

_____

_____

_____

3. Ricardo / cine / película nueva

_____

_____

_____

4. yo / casa de Teresa / telenovela

_____

_____

_____

5. los hermanos Ordóñez / zoológico / animales

_____

_____

_____

6. tú / centro comercial / ropa en oferta

_____

_____

_____

 C   **Quehaceres.** Indica los quehaceres que hacían las siguientes personas.

MODELO

Paco
Paco pasaba un trapo.

1. Serafina

_____

_____

2. Mis papás

_____

_____

3. Tú

_____

_____

4. Carmen y yo

_____

_____

5. Abuelita

_____

_____

6. Toño y Lorenzo

_____

_____

7. Yo

_____

_____

8. Carlos

_____

_____

9. Tus hermanos

_____

_____

10. Tú

_____

_____

Nombre _____

Fecha _____

¡DIME!
DOS

UNIDAD 4
LECCIÓN 1

¡A ESCRIBIR!

CH **¿Cuándo?** ¿A qué edad las siguientes personas hacían las actividades indicadas?

MODELO *Cecilia: 5 años / llorar mucho*
Cuando tenía cinco años, Cecilia lloraba mucho.

1. *mamá:* 15 años / jugar las damas

_____

_____

_____

2. *César y Cecilia:* 8 años / pasear en bicicleta

_____

_____

_____

3. *yo:* 10 años / bailar mucho

_____

_____

_____

4. *papá:* 9 años / cortar el césped

_____

_____

_____

5. *tú:* 14 años / leer mucho

_____

_____

_____

6. *César y yo:* 3 años / jugar con el perro

_____

_____

_____

D **La hora exacta.** La policía necesita saber la hora exacta en que tu amigo Manolo hizo lo siguiente. ¿Qué le dices?

MODELO

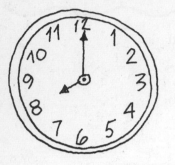

lavar el coche
Eran las ocho cuando Manolo lavó el coche. o
Cuando Manolo lavó el coche, eran las ocho.

1. cortar el césped

_____
_____
_____

2. almorzar

_____
_____
_____

3. ir al cine

_____
_____
_____

4. preparar la comida

_____
_____
_____

5. sacar la basura

_____
_____
_____

6. acostarse

_____
_____
_____

¡Qué talento! Los estudiantes y profesores de la escuela tienen mucho talento. ¿Cuánto tiempo hace que hicieron lo siguiente?

MODELO   *Lorena:*   *2 años / cantar ópera*
Hace dos años que Lorena cantó ópera.

1. *el profesor de inglés:*   8 años / bailar profesionalmente

   _____

   _____

2. *la directora:*   5 años / escribir una novela romántica

   _____

   _____

3. *las hermanas Flores:*   tres años / aprender ruso

   _____

   _____

4. *yo:*   7 años / dar un concierto de violín

   _____

   _____

5. *nosotros:*   3 meses / cantar en portugués

   _____

   _____

6. *David y Tina:*   4 años / jugar tenis

   _____

   _____

7. *tú:*   1 año / correr 10 millas.

   _____

   _____

8. *Marta:*   2 meses / esquiar en una competencia

   _____

   _____

Nombre _____

Fecha _____

¡DIME!
DOS

UNIDAD 4
LECCIÓN 1

¡A ESCRIBIR!

F **Tu niñez.** Escribe uno o dos párrafos en los que describas cómo eras y qué hacías cuando estabas en el tercer grado.

_____

_____

_____

_____

_____

_____

_____

_____

_____

_____

_____

_____

_____

_____

_____

_____

_____

_____

_____

_____

_____

_____

_____

In this lesson you learned to talk about what you used to do, tell what chores you did, describe your childhood, and tell what happened some time ago. You have also learned the new vocabulary listed below plus additional vocabulary. Write all the vocabulary you have learned already under each category and add any new vocabulary that you found particularly useful in this lesson.

Para describir lo que hacías

_____   _____

_____   _____

_____   _____

_____   _____

_____   _____

Para hablar de tu niñez

_____   _____

_____   _____

_____   _____

_____   _____

_____   _____

Para hablar de lo que pasó hace tiempo

_____   _____

_____   _____

_____   _____

_____   _____

_____   _____

Quehaceres

barrer el patio _____

cortar el césped _____

hacer la cama _____

lavar el carro _____

limpieza _____

pasar la aspiradora _____

pasar un trapo _____

planchar la ropa _____

sacar la basura _____

_____

Tesoros

álbum _____

cajita _____

fotografía _____

_____

jaula _____

zarcillo _____

_____

Para jugar

juego de damas _____

juguete _____

osito de peluche _____

_____

_____

_____

_____

_____

_____

Verbos

acordarse de _____

comportarse _____

ir _____

observar _____

reír(se) _____

separarse _____

ser _____

sonreír _____

ver _____

Palabras y expresiones

arriba _____

cuando _____

detalle _(m.)_ _____

especie _(f.)_ _____

frecuencia _____

niñez _(f.)_ _____

pasado _____

trágico(a) _____

A **Un día típico.** Mario Ojeda trabajaba de día mientras que su esposa Alicia trabajaba de noche. ¿Cómo fueron sus horarios ayer? Indica qué cosas hacían simultáneamente. Escucha una vez más para verificar tus respuestas.

MODELO Escuchas: *Mario se levantaba mientras Alicia volvía a casa.*
              Marcas: **X** en la intersección de **levantarse** con **volver a casa**.

Alicia ➡ Mario ⬇	*acostarse*	*cenar*	*vestirse*	*salir para el trabajo*	*ver televisión*	*volver a casa*
acostarse						
bañarse						
almorzar						
desayunar						
levantarse						X
trabajar						
volver a casa						

¡Cataplum! Hubo una explosión ayer. Afortunadamente, nadie sufrió heridas. Escucha mientras Luz describe lo que hacían varias personas, y luego escribe el nombre de la persona debajo del dibujo correspondiente. Escucha una vez más para verificar tus respuestas.

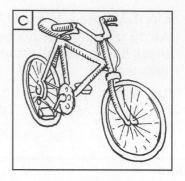

_____

_____

_____

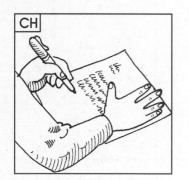

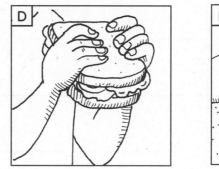

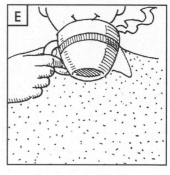

_____

_____

_____

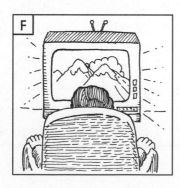

_____

_____

Nombre _____

Fecha _____

UNIDAD **4**
LECCIÓN **2**

¡DIME!
DOS

¡A ESCUCHAR!

C **Una noche interesante.** Anoche Rodolfo tuvo una experiencia interesante. Escucha lo que pasó e indica la secuencia de las escenas, escribiendo números del 1 al 6 debajo de los dibujos correspondientes. Escucha una vez más para verificar tus respuestas.

Perú. Lee las siguientes preguntas. Luego escucha este informe sobre Perú e indica el orden en que se contestan las preguntas. Escucha una vez más para verificar tus respuestas.

_____ ¿Cómo es el clima?

_____ ¿Cómo se llama la moneda nacional?

_____ ¿Cuál es el pico más alto de Perú?

_____ ¿Cuál es la capital?

_____ ¿Cuándo llegaron los españoles a Perú?

_____ ¿Cuándo se fundó el imperio incaico?

_____ ¿Cuántas regiones geográficas hay en Perú?

_____ ¿Cuántos habitantes tiene el país?

_____ ¿Dónde queda la capital?

_____ ¿Quién fundó la primera ciudad española?

_____ ¿Quiénes vivían en Perú antes de llegar los españoles?

D **Para el periódico.** Diana entrevista al nuevo profesor, el señor Valadez, para el periódico de la escuela. Primero lee las preguntas y posibles respuestas. Luego escucha la entrevista y selecciona la mejor respuesta. Escucha una vez más para verificar tus respuestas.

1. ¿Cuántos años hace que el nuevo profesor enseña español?

   a. 5

   b. 6

   c. 7

2. ¿Dónde trabajaba antes?

   a. en un centro comercial

   b. en la universidad

   c. en un banco

3. ¿Por qué volvió a la universidad?

   a. para enseñar

   b. para estudiar inglés

   c. para conseguir otro título

4. ¿Qué hacía cuando era estudiante universitario?

   a. salía con sus amigos

   b. jugaba fútbol

   c. trabajaba en la biblioteca

5. ¿Cómo era el equipo de atletismo de la universidad?

   a. siempre perdía

   b. siempre ganaba

   c. siempre empataba

6. ¿Cuáles eran sus clases favoritas?

   a. las de inglés

   b. las de matemáticas

   c. las de español

Nombre _____

Fecha _____

¡DIME!
DOS

UNIDAD **4**
LECCIÓN **2**

¡A ESCRIBIR!

A **¿Qué decimos...?** El párrafo que figura a continuación es un resumen del cuento de Miguelín en la fotonovela de esta lección. Complétalo llenando los espacios en blanco con las palabras correspondientes.

daba de comer	perrito
vecino	nombre
premio	ratoncito
vacía	lloró
jaula	diez
partes	abuelo

Un _____ le regaló un ratoncito al papá de Meche y

Diana cuando él tenía _____ años. Él llevó al

_____ a casa y junto con su papá, el

_____ de las muchachas, le construyeron una

_____. Le dio el _____ de Miguelín.

Todos los días le _____ y de beber. Un día

vio que la jaula estaba _____. Buscó a Miguelín por todas

_____ pero no lo encontró. Se puso tan triste que

_____ varios días. Escribió un cuento sobre Miguelín y se

ganó un _____. Con el dinero del premio se compró un

_____.

A las cuatro y media... ¿Qué hacían tú, tus amigos y tus profesores generalmente después de las clases?

MODELO   **Tú estudiabas con María.**

el (la) profesor(a) [...] el (la) director(a) del colegio yo mi amigo(a) mi amigo(a) [...] y yo tú mis amigos [...] y [...]	estudiar jugar tocar ver ir hablar comer beber escuchar

1. _____

   _____

2. _____

   _____

3. _____

   _____

4. _____

   _____

5. _____

   _____

6. _____

   _____

7. _____

   _____

C   **Lluvia.** El sábado llovió muchísimo. ¿Qué hacían las siguientes personas cuando empezó a llover?

MODELO

Dora y Silvia jugaban tenis cuando empezó a llover.

1. _____

_____

_____

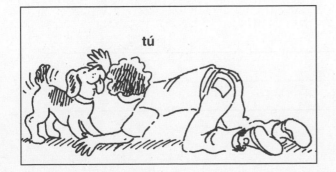

2. _____

_____

_____

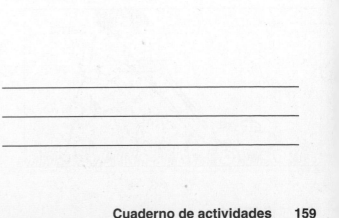

3. _____

_____

_____

Consuelo

4. _____

_____

_____

yo

5. _____

_____

_____

**Toño
y
yo**

6. _____

_____

_____

**Sergio
y
Clemente**

7. _____

_____

_____

Sarita

8. _____

_____

_____

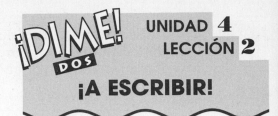

CH **"El hombre de La Mancha".** Todos los años las clases de Español 2 preparaban una presentación dramática en la que todos los estudiantes tenían que participar. ¿Qué hacían tú y tus compañeros de clase para prepararse para la presentación de "El hombre de La Mancha"?

MODELO   *Roberto: preparar el programa*
   tú: seleccionar la música

Roberto preparaba el programa mientras tú seleccionabas la música.

1. *Consuelo:* tocar la guitarra

   Ricardo y Beto: cantar

   _____

   _____

2. *los chicos*: arreglar las sillas

   nosotros: decorar el auditorio

   _____

   _____

3. *yo:* tocar el piano

   Carolina: bailar

   _____

   _____

4. *las profesoras:* preparar la limonada

   tú: servir el pastel

   _____

   _____

5. *la directora:* hablar con todos

   nosotros: divertirse mucho

   _____

   _____

¡No pude estudiar! ¿Hay días que quieres estudiar pero no puedes? Completa este cuento con el pretérito de los verbos que aparecen en paréntesis para saber por qué Pablo no pudo estudiar.

Ayer, Pablo _____ (empezar) a estudiar a las

cuatro de la tarde. No había estudiado más de diez minutos cuando

_____ (sonar) el teléfono. Pablo lo

_____ (contestar) pero nadie le respondió. Él

_____ (volver) a sus estudios pero su hermanito

accidentalmente _____ (desenchufar) la

lámpara. Luego su abuela _____ (decidir) pasar la

aspiradora, su hermanito _____ (comenzar) a

llorar y la vecina _____ (llamar) a la puerta. Con todo eso,

a Pablo le _____ (dar) un tremendo dolor de cabeza y no

_____ (poder) estudiar más. ¡Qué lástima!, ¿no?

¡Yo tampoco pude! Describe un día típico en el que, como Pablo, tú tampoco pudiste estudiar.

_____

_____

_____

_____

_____

_____

_____

_____

_____

_____

_____

_____

_____

In this lesson you have further developed your ability to talk about the past, ask and answer questions about the past, and describe past events. You have also learned the new vocabulary listed below as well as additional vocabulary. Write all the vocabulary you have learned already under each category and add any new vocabulary that you found particularly useful in this lesson.

Para hablar del pasado

_____   _____

_____   _____

_____   _____

_____   _____

_____   _____

Para hacer y contestar preguntas sobre el pasado

_____   _____

_____   _____

_____   _____

_____   _____

_____

Para describir eventos del pasado

_____   _____

_____   _____

_____   _____

_____   _____

_____   _____

_____   _____

_____

En la casa

apagar la luz _____

dar de comer _____

gabinete *(m.)* _____

sonar el teléfono _____

_____

Verbos

acostumbrarse _____   morir (ue, u) _____

asustarse _____   regalar _____

convencer _____   supervisar _____

_____   _____

_____   _____

_____   _____

_____   _____

Palabras y expresiones

concurso _____   premio _____

en efecto _____   ratoncito _____

literario(a) _____   suave _____

paja _____   _____

_____   _____

_____   _____

_____   _____

A **Una tarde.** Los padres de la familia Moreno pasaron la tarde fuera de la casa. Durante su ausencia, los hijos tuvieron una fiesta. ¿Cómo le describe mamá la sala a su amiga? Escucha lo que dice y dibuja la escena que encontraron los padres. Escucha una vez más para verificar tu dibujo. Reúnete en grupo y verifica tu dibujo junto con tus compañeros.

B **Ayer.** Alberto tuvo un día muy extraño ayer. Escucha cómo describe sus reacciones e indica la secuencia de sus emociones escribiendo los números del 1 al 6 debajo de los dibujos correspondientes. Escucha una vez más para verificar tus respuestas.

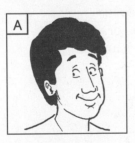
_____

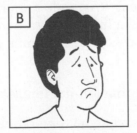
_____

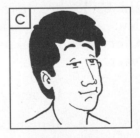
_____

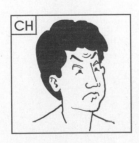
_____

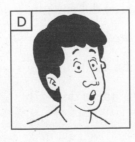
_____

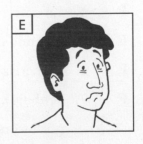
_____

C **Arepas.** Escucha este cuento venezolano e indica la secuencia cronológica de las escenas escribiendo números del 1 al 6 debajo de los dibujos correspondientes. Escucha una vez más para verificar tus respuestas.

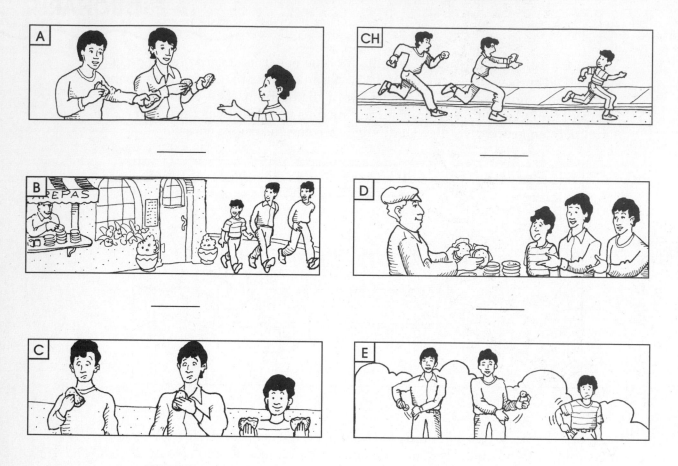

CH **Actriz.** Un locutor de radio está entrevistando a una actriz. Lee las siguientes oraciones. Luego escucha la entrevista e indica si las oraciones son **Ciertas (C)** o **Falsas (F).** Escucha una vez más para verificar tus respuestas.

C   F   **1.** La actriz viene de una familia famosa.

C   F   **2.** Tenían tanto dinero que no tenían que trabajar.

C   F   **3.** El hermano de la actriz no se graduó del colegio.

C   F   **4.** La actriz no se graduó del colegio.

C   F   **5.** Cuando era niña, tenía interés en ser actriz.

C   F   **6.** La actriz participaba en dramas en su colegio.

C   F   **7.** Trabajó varios años antes de recibir un contrato

                 profesional.

C   F   **8.** Es actriz en telenovelas.

Estrategia para escuchar

Cómo captar la idea principal

D **Perú.** Al escuchar el material informativo, es importante captar la idea
principal de cada párrafo.

Estudia la siguiente lista de ideas principales. Luego escucha el informe e
indica la secuencia en que se presentan las ideas, escribiendo los números
del 1 al 5 en el espacio en blanco al lado de cada idea mencionada.
(¡ATENCIÓN! hay dos ideas que no se incluyen.) Escucha una vez más
para verificar tus respuestas.

El gobierno peruano consiste de tres ramas
     principales.   _____

El gobierno peruano mantiene un sistema
     educativo de la primaria a la universidad.   _____

Por ser uno de los países más pobres de
     Latinoamérica, hay graves problemas de salud
     y de servicios sociales.   _____

La economía de Perú no está en buenas
     condiciones.   _____

Los peruanos son de varias razas.   _____

Los quechuas son un pueblo muy tradicional.   _____

Los quechuas y los aymarás formaban parte del
     imperio incaico.   _____

Escuchemos un cuento

E

La ratoncita Minerva. Lee las oraciones que aparecen a continuación. Luego escucha esta historia de Minerva y selecciona la mejor respuesta. Escucha una vez más para verificar tus respuestas.

1. La familia de Minerva buscaba comida en...

    a. la tienda

    b. la casa

    c. el campo

2. Minerva...

    a. jugaba todos los días

    b. trabajaba con la familia

    c. se quedaba en casa

3. El primo que los visitó vivía en...

    a. el campo con ellos

    b. otro pueblo del campo

    c. la ciudad

4. La familia de Minerva decidió...

    a. invitar al primo a vivir con ellos

    b. mudarse a otra parte

    c. abrir un café

5. A Minerva le encantan...

    a. los cafés

    b. las migajas

    c. los árboles

6. Minerva conoció a...

    a. un ratón joven

    b. una ratoncita

    c. un ratón viejo

A **Miguelín.** Subraya la palabra o la frase que mejor complete los siguientes comentarios sobre el ratoncito Miguelín.

1. Miguelín era un ratoncito muy (tímido / aventurero).

2. Vivía en una (jaula / casa) muy cómoda.

3. Se fue a la calle donde encontró a un ratón (anciano y sabio / joven y asustado).

4. Miguelín llegó (al pueblo / a la ciudad) de Caracas.

5. Se quedó (asombrado / aburrido).

6. Andaba con mucho cuidado porque había (muchísimos animales / muchísimo tráfico).

7. Decidió que (le gustaba mucho / no le gustaba) la ciudad.

8. Empezó a sentirse (desesperado / alegre).

9. Entonces conoció a una ratoncita que (lloraba / reía).

10. Miguelín y Minerva regresaron al campo y vivieron muy (felices / asustados).

¿Dónde estaban? Hubo una reunión del Club de Español ayer por la tarde pero nadie asistió. ¿Por qué? ¿Dónde estaban todos y qué estaban haciendo?

MODELO **Lorenzo comía en el café.**

1. _____

2. _____

3. _____

4. _____

5. _____

6. _____

7. _____

8. _____

Nombre _____

Fecha _____

¡DIME!
DOS

UNIDAD 4
LECCIÓN 3

¡A ESCRIBIR!

C **A las 7:30.** ¿Qué estaban haciendo estas personas anoche a las 7:30?

MODELO *Sebastián / cuidar a unos niños*
Sebastián cuidaba a unos niños.

1. yo / preparar la comida

_____

_____

2. Lucía / escribirles a sus abuelos

_____

_____

3. Salvador y Carlos / jugar con sus juegos de video

_____

_____

4. tú / ver una película de ciencia ficción

_____

_____

5. Carmen / lavarse el pelo

_____

_____

6. nosotros / hacer la tarea

_____

_____

¡Qué viento! Describe lo que las siguientes personas hacían en el campamento la semana pasada poco antes de empezar a hacer un viento fuerte.

1. _____

2. _____

3. _____

4. _____

5. _____

6. _____

7. _____

D **¡Accidente!** Completa el siguiente cuento con la forma correspondiente del verbo que aparece entre paréntesis para saber lo que pasó el sábado pasado por la mañana.

Un sábado típico

_____ (Ser) un sábado típico de abril. Por la mañana

mi familia y yo _____ (trabajar) enfrente de

la casa. Mi hermano _____ (cortar) el césped

mientras mi papá y yo _____ (plantar) unas flores.

Mi perro Capitán _____ (dormir) al sol, como

siempre.

De repente todos _____ (oír) un ruido muy fuerte.

Un carro azul _____ (chocar) contra el carro de un

vecino. Inmediatamente _____ (llegar) la policía. El

chofer del carro azul _____ (salir) de su carro y

_____ (empezar) a correr. Todos vimos que

_____ (correr) hacia nuestra casa. Capitán

_____ (ladrar) constantemente. Cuando el

señor _____ (pasar) cerca de Capitán, éste

_____ (saltar) frente a él y el hombre

_____ (caerse) al piso. La policía lo

_____ (capturar) en seguida y se lo

_____ (llevar). Gracias a Dios, mi vecino no

_____ (lastimarse). ¿Y qué le pasó a Capitán?

Él _____ (regresar) a su lugar bajo el sol y

_____ (dormirse) inmediatamente.

Un incidente interesante. En uno o dos párrafos, describe un incidente interesante de tu vida. Presta mucha atención al uso del pretérito y del imperfecto.

_____

_____

_____

_____

_____

_____

_____

_____

_____

_____

_____

_____

_____

_____

_____

_____

_____

_____

_____

_____

_____

_____

In this lesson you have learned to narrate and describe in the past, and to talk about emotional states in the past. You have also learned the new vocabulary listed below as well as additional vocabulary. Write all the vocabulary you have learned already under each category and add any new vocabulary that you found particularly useful in this lesson.

Para describir el pasado

_____   _____
_____   _____
_____   _____
_____   _____
_____   _____

Para hablar de estados emocionales del pasado

_____   _____
_____   _____
_____   _____
_____   _____
_____   _____

Para narrar un incidente del pasado

_____   _____
_____   _____
_____   _____
_____   _____
_____   _____

Descripciones

anciano(a) _____

asombrado(a) _____

asustado(a) _____

_____

_____

_____

desesperado(a) _____

sabio(a) _____

_____

_____

_____

Sustantivos

campo _____

cochino(a) _____

edificio _____

hocico _____

_____

_____

migaja _____

orilla _____

voz *(f.)* _____

_____

_____

Verbos

atrapar _____

corregir _____

_____

_____

_____

criar _____

esconderse _____

_____

_____

_____

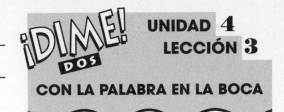

LA INFLUENCIA AMERICANA

A Muchas palabras en la lengua española se originaron en las Américas. Generalmente son palabras que se refieren a algo nuevo que los españoles encontraron en el Nuevo Mundo que no existía en Europa. ¿Cuáles de estas palabras crees que son de origen americano?

MODELO $\boxed{X}$ *tapioca*

Tapioca es una planta que los europeos no conocían.

☐ hijo	☐ tapioca	☐ dios	☐ huracán
☐ chicle	☐ amor	☐ patata	☐ puma
☐ puerta	☐ rosa	☐ agua	☐ cielo
☐ tiburón	☐ tabaco	☐ maíz	☐ iguana
☐ cacao	☐ maguey	☐ madre	☐ amigo

B **Lectura.** Lee el siguiente texto sobre la influencia de los indios americanos en el idioma español.

Contribución de los indios de América	Nombres de plantas y frutas	Nombres de animales y peces
Los indios de América contribuyeron mucho al idioma español. Cuando los españoles llegaron al Nuevo Mundo, encontraron muchas plantas y animales que no existían ni en Europa ni en el mundo que los europeos conocían. Entre ellas están las que figuran a continuación. A veces existen varios nombres para una misma planta o animal debido a que había diferentes lenguas indígenas en América. Claro está, todos los nombres de las comidas derivadas de estas plantas o animales terminan siendo contribuciones americanas al léxico español.	cacahuate/maní camote chile/ají chocolate guayaba maguey maíz/choclo mango papa/patata papaya piña/ananá	alpaca anaconda caimán cóndor iguana llama pavo/guajolote piraña/caribe puma tucán tiburón

C **Verifiquemos.** Identifica todas las palabras en las listas de la lectura que no sólo pasaron al español, sino también al inglés. Escríbelas en inglés. Tal vez quieras buscarlas en un diccionario de inglés para verificar si existen.

_____   _____   _____

_____   _____   _____

_____   _____   _____

_____   _____   _____

_____   _____   _____

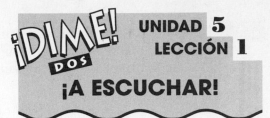
A **De vacaciones.** Elena se va de vacaciones la semana que viene. Escucha
lo que dice e indica cuáles de las siguientes cosas menciona. Escucha una
vez más para verificar tus respuestas.

_____

_____

_____

_____

_____

_____

_____

_____

B **Una cita.** Esta noche Valentín tiene una cita con una chica que no conoce. Escucha lo que dice y, en el lugar apropiado, escribe sus planes y deseos. Escucha una vez más para verificar tus respuestas.

MODELO   Escuchas: *Ojalá que sea guapa.*
         Escribes: **guapa** debajo de **APARIENCIA FÍSICA**

APARIENCIA FÍSICA

guapa

_____

_____

_____

_____

PERSONALIDAD

_____

_____

_____

_____

REGALOS PARA ELLA

_____

_____

_____

_____

ACTIVIDADES

_____

_____

_____

_____

C   **Problemas.** Primero lee la lista de consejos que aparece a continuación. Luego escucha los problemas de algunas personas e indica el mejor consejo para cada una, escribiendo los números del 1 al 6 en los espacios en blanco. Escucha una vez más para verificar tus respuestas.

_____ Es importante que participes en más actividades sociales y que

salgas más frecuentemente.

_____ Es malo que comas chocolates y postres.

_____ Es recomendable que estudies mucho y que te prepares bien.

_____ Es mejor que descanses bien de noche y que te acuestes

más temprano.

_____ Es importante que comas bastante y frecuentemente.

_____ Es mejor que vayas al médico una vez al año.

_____ Es necesario que te levantes más temprano y que te arregles

rápidamente.

CH   **Debate.** Tres candidatos para presidente están explicando su plataforma. Escucha sus comentarios e indica cuáles de estos temas mencionan. Escucha una vez más para verificar tus respuestas.

_____ el crimen

_____ el medio ambiente

_____ la salud

_____ las drogas

_____ la familia

_____ las relaciones internacionales

_____ la economía

_____ el trabajo

Doctor del aire. El doctor Curatodos da consejos médicos en la radio. Lee las siguientes oraciones. Luego escucha su programa e indica si las oraciones son **Ciertas (C)** o **Falsas (F)**. Escucha una vez más para verificar tus respuestas.

C   F   **1.** Al señor que llama al doctor Curatodos le duele la cabeza.

C   F   **2.** Según el doctor, el problema del señor es muy común.

C   F   **3.** Es importante que el señor descanse.

C   F   **4.** Es malo que el señor tome aspirinas.

C   F   **5.** La joven juega mucho tenis.

C   F   **6.** Ella quiere jugar en el campeonato.

C   F   **7.** Según el médico, es necesario que la joven tome aspirinas.

C   F   **8.** No es recomendable que guarde cama.

C   F   **9.** Debe empezar a hacer ejercicio inmediatamente.

C   F   **10.** A la joven le gusta mucho el programa del doctor.

A **¿Qué decimos...?** Luis y Meche tienen los siguientes problemas pero no saben por qué. ¿Puedes identificar cuál de los dos hace cada comentario? Puedes basarte en la información contenida en la fotonovela y/o el video de esta lección.

Meche

Luis

1. _____   No me gusta saltar tanto.

2. _____   Debo tener más cuidado.

3. _____   Es probable que el ejercicio me ayude a

   dormir mejor de noche.

4. _____   Hasta me dormí en clase hoy.

5. _____   Busco un refresco.

6. _____   No tengo energía para nada.

7. _____   Estoy demasiado cansada.

8. _____   Voy a ponerme a dieta.

B **Reacciones.** Tú y tus amigos están hablando de lo que desean en el futuro. ¿Qué deseos tienen?

MODELO *yo: vivir en Sevilla*
Ojalá que yo viva en Sevilla.

1. *nosotros:* trabajar para una compañía internacional

_____

_____

2. *Alicia:* sacar una "A" en álgebra

_____

_____

3. *ustedes:* viajar a Argentina

_____

_____

4. *yo:* jugar bien en el campeonato

_____

_____

5. *tú:* salir bien en los exámenes

_____

_____

6. *los chicos:* no tener que trabajar este verano

_____

_____

7. *mi amigo:* conocer a algunas personas famosas

_____

_____

8. *yo:* tener buena suerte

_____

_____

9. *nosotros:* ser aceptado en la universidad

_____

_____

10. *tú:* ganar el trofeo

_____

_____

Nombre _____

Fecha _____

¡DIME! DOS

UNIDAD 5
LECCIÓN 1

¡A ESCRIBIR!

C **El futuro.** En el carnaval del colegio, un profesor hizo el papel de un adivino (persona que predice el futuro). ¿Cómo reaccionaron tú y tus amigos cuando el adivino hizo las siguientes predicciones?

MODELO   Van a participar en los juegos olímpicos.
¡Fantástico! Ojalá que participemos en los juegos olímpicos. o
¡Caramba! Ojalá que no participemos en los juegos.

1. Van a hablar tres idiomas.

   _____
   _____

2. Van a vivir en otro país.

   _____
   _____

3. Van a tener profesiones aburridas.

   _____
   _____

4. Van a visitar al presidente.

   _____
   _____

5. Van a viajar a muchos países.

   _____
   _____

6. Van a estudiar en la Universidad Municipal.

   _____
   _____

7. Van a ganar mucho dinero.

   _____
   _____

8. Van a jugar tenis con el rey de España.

   _____
   _____

La profesora dice que... Los niños de primer grado aprenden mucho.
¿Qué cosas aprenden Lupita y sus amigos?

MODELO   *recomendable / nosotros comer vegetales*
Es recomendable que comamos vegetales.

1. necesario / nosotros hacer ejercicios todos los días

   _____

   _____

2. ser terrible / nosotros hablar con extraños

   _____

   _____

3. preciso / nosotros ayudar a papá y a mamá

   _____

   _____

4. recomendable / nosotros ser buenos estudiantes en la escuela

   _____

   _____

5. bueno / nosotros beber leche

   _____

   _____

6. importante / nosotros jugar con cuidado

   _____

   _____

7. fantástico / nosotros llegar a tiempo a la escuela

   _____

   _____

8. necesario / nosotros limpiar la sala de clase

   _____

   _____

Nombre _____

Fecha _____

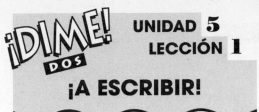

 ¿Qué te imaginas? El director de la escuela te invitó a ti y a otros tres estudiantes a una comida en su casa. ¿Qué te imaginas que va a pasar?

Vocabulario útil:

es bueno que	es posible que	ojalá que
es imposible que	es necesario que	es improbable que

MODELO

haber demasiada comida
Ojalá que no haya demasiada comida.
o
Es probable que haya demasiada comida.

1. los Sres. Álvarez ser simpáticos

_____

_____

2. tener perro feroz

_____

_____

3. ser elegante

_____

_____

4. saber cómo llegar

_____

_____

5. estar aburrido (a)

_____

_____

6. darle un regalo a la Sra. Álvarez

_____

_____

E   **¡Que curiosidad!** Esta tarde hay una fiesta en casa de tu profesor(a) de español y tu profesor(a) de francés está muy curioso(a). ¿Cómo contestas sus preguntas?

MODELO   *¿Concepción va a tocar la guitarra ?*
Sí. Es cierto que Concepción va a tocar la guitarra. o
No sé. Es probable que Concepción toque la guitarra.

Vocabulario útil:

es imposible	es cierto	es dudoso	es preciso
es seguro	es improbable	es recomendable	

1. ¿Van a cantar los profesores?

_____

_____

2. ¿Vas a hacer los anuncios?

_____

_____

3. Mateo y Yolanda van a llevar los entremeses, ¿no?

_____

_____

4. ¿Van a llegar a tiempo Lorenzo y Rafael?

_____

_____

5. Esteban va a preparar los refrescos, ¿no?

_____

_____

6. ¿Todos van a conversar en español ?

_____

_____

7. ¿Vas a bailar con el(la) profesor(a)?

_____

_____

8. Uds. van a comer comida mexicana, ¿no?

_____

_____

Es probable... Tu amigo Lorenzo está muy preocupado con lo que les pasa a unos amigos. ¿Cómo le respondes?

Vocabulario útil:

es obvio	es claro
es probable	es dudoso
es cierto	es improbable

MODELO

¿Duerme bastante Gregorio?
Es probable que Gregorio no duerma bastante.

1. ¿Cómo está Pepito?

_____

_____

2. ¿Está estudiando Eva para el examen?

_____

_____

3. ¿Va a sacar Lisa una "A" en el examen?

_____

_____

4. ¿Está Leonardo en el hospital?

_____

_____

5. ¿Van al concierto Patricio y Carolina?

_____

_____

6. ¿Tiene dinero suficiente para comprar un

coche nuevo Ricardo?

_____

_____

Encuesta. Los estudiantes en la clase del profesor Anderson están haciendo una encuesta de opiniones sobre varias situaciones que existen en el colegio. ¿Qué opinas tú?

MODELO   *Hay mucha basura en la escuela.*
Es terrible que haya mucha basura en la escuela.

Vocabulario útil:

es una lástima	es triste	es recomendable
es probable	es bueno	es increíble
es malo	es fantástico	es curioso
es dudoso	es difícil	es interesante

1. Muchos estudiantes no conocen a la secretaria.

   _____

   _____

2. No hay libros para todos los estudiantes.

   _____

   _____

3. Los profesores son exigentes.

   _____

   _____

4. Muchos estudiantes vienen de otros países.

   _____

   _____

5. Un grupo de chicas va a faltar a clase el viernes.

   _____

   _____

6. Muchos estudiantes no saben nada del gobierno.

   _____

   _____

7. No hay clases de arte este mes.

   _____

   _____

8. Los profesores dan exámenes dificilísimos.

   _____

   _____

In this lesson you learned to give advice and express your hopes and opinions. You have also learned the new vocabulary listed below as well as additional vocabulary. Write all the vocabulary you already learned under each category and add any other vocabulary that you found particularly useful in this lesson.

Para expresar esperanzas

_____   _____

_____   _____

_____   _____

_____   _____

Para dar consejos

_____   _____

_____   _____

_____   _____

_____   _____

Para expresar opiniones

_____   _____

_____   _____

_____   _____

Salud

adelgazar _____   galletita _____

aeróbico(a) _____   medicina _____

dieta _____   nutritivo(a) _____

dulce *(m.)* _____   pesa _____

energía _____   piscina _____

engordar _____   sueño _____

galleta _____

Sustantivos

contaminación

crimen *(m.)*

chuchería

esperanza

instructor(a)

mansión *(f.)*

millonario(a)

papita frita

recomendación

socio(a)

Expresiones impersonales

es cierto

es claro

es dudoso

es obvio

es preciso

es probable

Verbos en presente del subjuntivo

aprender

dar

decir

estar

exigir

inventar

ir

nadar

necesitar

prestar

saber

salir

ser

tener sueño

trabajar

ver

Palabras y expresiones

afortunadamente

dormido(a)

mundial

olímpico(a)

¡Qué caballero!

recomendable

único

ojalá que

Nombre _____

Fecha _____

UNIDAD **5**
LECCIÓN **2**

¡DIME!
DOS

¡A ESCUCHAR!

A **¡A España!** Germán va a España a estudiar este verano. Escucha lo que le recomiendan varios miembros de su familia e indica los artículos que mencionan. Escucha una vez más para verificar tus respuestas.

A

___

B

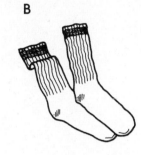

___

C

___

CH

___

D

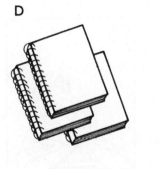

___

E

___

F

___

G

___

H

___

I

___

J

___

Consejos. Varios estudiantes reciben los siguientes consejos. ¿Quién les habla, la profesora de biología o la instructora de la clase de aeróbicos?

	Profesora de biología	Instructora de aeróbicos
1.	☐	☐
2.	☐	☐
3.	☐	☐
4.	☐	☐
5.	☐	☐
6.	☐	☐
7.	☐	☐
8.	☐	☐

C **Problemas.** Las siguientes personas recibieron varios consejos. Indica quién recibió los consejos, escribiendo la letra de los dibujos al lado de los números.

MODELO   Escuchas: *Recomiendo que comas menos pastel.*
                Escribes: **A**

1. _____   5. _____

2. _____   6. _____

3. _____   7. _____

4. _____   8. _____

CH **Visita.** La doctora Suárez habla con el equipo femenino de volibol. Escucha sus consejos y completa la información que da la doctora. Escucha una vez más para verificar tus respuestas.

dormir   _____

acostarse   _____

beber   _____

comer   _____

seguir   _____

evitar   _____

asistir a   _____

hacer   _____

no olvidar   _____

D **En el restaurante.** Carlos y Ricardo comen en un restaurante. Lee las oraciones que aparecen a continuación. Luego escucha la conversación e indica si las oraciones son **Ciertas (C)** o **Falsas (F).** Escucha la conversación una vez más para verificar tus respuestas.

C   F   **1.** Ricardo siempre pide comidas fritas.

C   F   **2.** Carlos quiere bajar de peso.

C   F   **3.** El médico de Carlos recomienda que evite el pastel.

C   F   **4.** La camarera recomienda el pollo frito.

C   F   **5.** Carlos pide gazpacho y pollo asado.

C   F   **6.** El restaurante no sirve frutas.

C   F   **7.** Carlos pide postre.

C   F   **8.** Ricardo pide pollo frito y papas fritas.

¡A ESCRIBIR!

A **¿Qué decimos...?** Usa las siguientes frases para completar estas breves conversaciones entre Meche, Diana y Luis sobre su clase de ejercicios.

no me gusta nada	es mejor	me duelen
tan mala idea	no debo comer	sentir mejor
sigas mis consejos		

1. MECHE: ¿Por qué insisten tanto en que vaya?

DIANA: Porque te vas a _____.

MECHE: Pues, quizás no sea _____.

2. LUIS: Apenas puedo caminar.

MECHE: Yo también. Sobre todo _____

las piernas.

3. LUIS: Tengo un hambre feroz. _____

_____ la idea de comer vegetales

y frutas. ¿Qué tienen de malo las papitas fritas? También son

vegetales.

DIANA: _____ que no las comas.

LUIS: Ésa es otra de mis comidas favoritas que

_____.

DIANA: Te recomiendo que _____

_____.

B **Hermanito...** Tu hermanito se va a un campamento. ¿Qué le aconsejas?

MODELO *ser cortés*
> **Sugiero que seas cortés.** o **Insisto en que seas cortés.**

Vocabulario útil:

sugerir	recomendar	preferir	querer
pedirte	aconsejar	insistir en	

1. no gritar

_____

_____

2. jugar con tus amigos

_____

_____

3. escuchar cuidadosamente a tus instructores

_____

_____

4. comer un buen desayuno todos los días

_____

_____

5. tener cuidado en el lago

_____

_____

6. no enojarse con los consejeros

_____

_____

7. cambiarse de ropa todos los días

_____

_____

8. escribirle a mamá todas las semanas

_____

_____

9. dormir mucho

_____

_____

10. divertirse

_____

_____

Nombre _____

Fecha _____

¡DIME!
DOS

UNIDAD 5
LECCIÓN 2

¡A ESCRIBIR!

C   **El campeonato.** El equipo de baloncesto de tu colegio va al campeonato en la capital. ¿Qué opiniones y deseos escuchan los jugadores antes del partido?

MODELO   *director / sugerir / no ponerse nervioso*
      El director sugiere que no se pongan nerviosos.

1. sus / amigos / aconsejar / llevar / uniforme morado

_____

_____

2. profesor de inglés / preferir / estudiar más

_____

_____

3. subdirector / querer / ganar

_____

_____

4. padres / querer / jugar / cortésmente

_____

_____

5. entrenador / pedir / llegar temprano

_____

_____

6. director / recomendar / descansar bien el día anterior al partido

_____

_____

7. profesora de educación física / insistir en / ser cortés

_____

_____

MODELO

Eliseo

Ella insiste en que Eliseo se lave el pelo.
o
Ella aconseja que Eliseo se peine.

Beatriz

1. _____

_____

_____

Rubén
y
Joselito

2. _____

_____

_____

ESCUELA

tú

3. _____

_____

_____

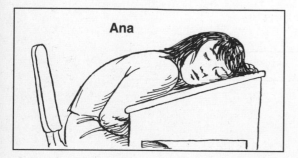

Ana

4. _____

_____

_____

Nombre _____

Fecha _____

¡DIME!
DOS

UNIDAD **5**
LECCIÓN **2**

¡A ESCRIBIR!

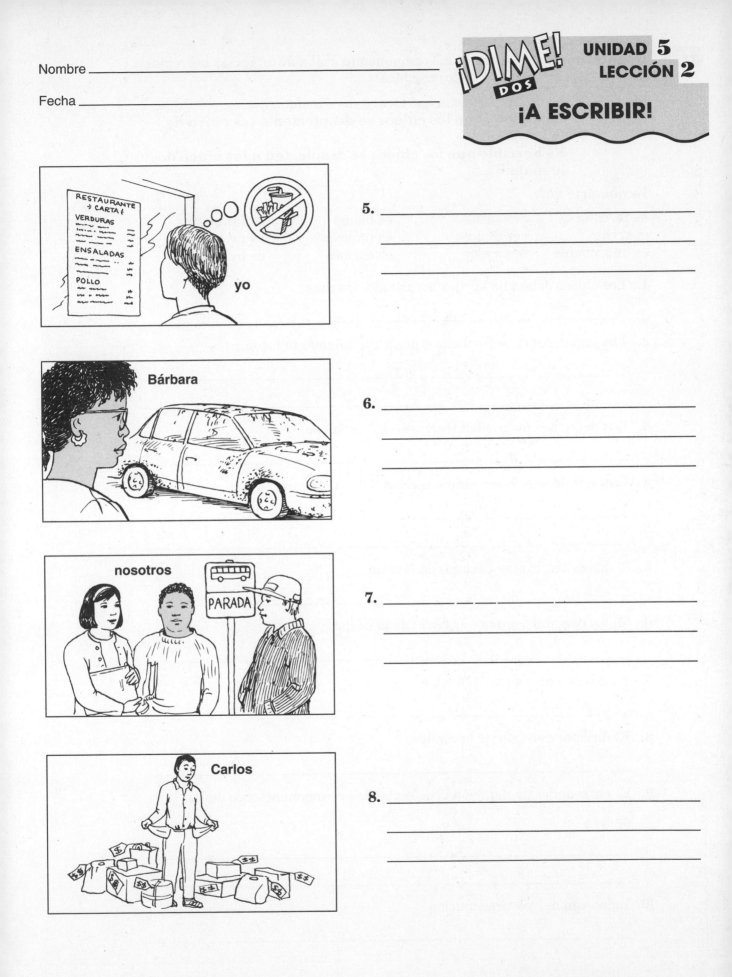

5. _____
   _____
   _____

6. _____
   _____
   _____

7. _____
   _____
   _____

8. _____
   _____
   _____

D **Reglas nuevas.** El director del campamento acaba de anunciar las reglas nuevas. ¿Qué piensas tú de los cambios?

MODELO *Los chicos deben despertarse a las 5 de la mañana.*
Es dudoso que los chicos se despierten a las cinco de la mañana.
Es horrible que los chicos se despierten a las cinco de la mañana.

Vocabulario útil:

es terrible	es curioso	es bueno	es fantástico
es triste	es dudoso	es imposible	es probable
es improbable	es mejor	es curioso	es increíble

1. Los chicos deben nadar dos horas todos los días.

   _____

2. Los jugadores de volibol van a practicar solamente los martes.

   _____

   _____

3. Los pequeños no pueden traer ositos de peluche.

   _____

4. Las actividades van a empezar a las 6 de la mañana.

   _____

   _____

5. Todos deben cantar después de la cena.

   _____

6. Todos deben dormirse a las 8:30 de la noche.

   _____

7. Va a servirse comida saludable.

   _____

8. El director debe servir la comida.

   _____

9. El entrenador de natación debe seguir las recomendaciones de los padres.

   _____

   _____

10. Todos van a divertirse mucho.

   _____

E **¡Qué consejos!** ¿Qué consejos les da Carlos Consejero a los jóvenes de la escuela secundaria?

MODELO   *ir a muchas fiestas / divertirse*
Vayan a muchas fiestas. Diviértanse.

1. ir al café Maracaibo / pedir las arepas de pollo

_____

_____

2. acostarse temprano / dormir siete horas o más

_____

_____

3. conseguir empleo / trabajar

_____

_____

4. sacar buenas notas / seguir estudiando

_____

_____

5. prepararse para participar en los juegos olímpicos / hacer muchos

ejercicios

_____

_____

6. almorzar ahora / comer bien siempre

_____

_____

¿Yo consejero? Ahora tú eres el(la) consejero(a). ¿Qué consejos les das a tus compañeros con respecto a cada uno de los siguientes puntos?

1. pizza

_____

_____

2. carros

_____

_____

3. exámenes

_____

_____

4. excursiones

_____

_____

5. refrescos

_____

_____

6. drogas

_____

_____

7. bailes

_____

_____

8. computadoras

_____

_____

In this lesson you learned how to make suggestions, and how to persuade and give advice to others. You have also learned the new vocabulary listed below as well as additional vocabulary. Write all the vocabulary you already learned under each category and add any new vocabulary that you found particularly useful in this lesson.

Para hacer sugerencias y recomendaciones

_____   _____

_____   _____

_____   _____

_____   _____

_____   _____

_____

Para persuadir

_____   _____

_____   _____

_____   _____

_____   _____

Para dar consejos

_____   _____

_____   _____

_____   _____

_____   _____

_____   _____

_____

Salud

grasa _____

gaseoso(a) _____

líquido(a) _____

nutrición _____

peso _____

quitar _____

régimen _____

saludable _____

vegetal _____

Descripción

atento(a) _____

balanceado(a) _____

_____

_____

cortés _____

deprimido(a) _____

_____

_____

Verbos en presente del subjuntivo

aconsejar _____

animar _____

divertirse _____

dormirse _____

estar muerto _____

importar _____

insistir en _____

_____

pedir _____

pensar _____

poder _____

respirar _____

seguir _____

sentirse _____

sugerir _____

_____

Palabras y expresiones

buen(a) mozo(a) _____

carrera _____

demostración _____

especialidad _____

excusa _____

_____

_____

_____

gasolinera _____

litro _____

¡No es para tanto! _____

veterinario _____

_____

_____

_____

A **El consultorio.** Todos están conversando en el consultorio del médico. Escucha los comentarios e indica cuáles de las siguientes oraciones siguen el comentario que escuchas. Escucha una vez más para verificar tus respuestas.

1. **a.** Espero que no sea nada serio.

   b. Me alegro de oírlo.

2. **a.** Temo que tengas que perder peso.

   b. Siento que tengas que esperar.

3. **a.** Me gusta verte así.

   b. Siento que estés enfermo.

4. **a.** Es posible que el doctor te ponga a dieta.

   b. Recomiendo que comas más.

5. **a.** Siento que te duela la cabeza.

   b. ¡Me alegro tanto de verte!

6. **a.** ¿Tienes miedo de que te den una inyección?

   b. Me alegro de que estés aquí.

B **Por teléfono.** Oyes parte de una conversación telefónica. Indica si estos comentarios reflejan una actitud **positiva (+)** o **negativa (–)**. Escucha una vez más para verificar tus respuestas.

1.   +   –   5.   +   –

2.   +   –   6.   +   –

3.   +   –   7.   +   –

4.   +   –   8.   +   –

A México. Los estudiantes del Club de Español están hablando del viaje a México que van a hacer este verano. Indica si el estudiante que habla da o pide consejos. Escucha una vez más para verificar tus respuestas.

	Da consejos	Pide consejos		Da consejos	Pide consejos
1.	☐	☐	**5.**	☐	☐
2.	☐	☐	**6.**	☐	☐
3.	☐	☐	**7.**	☐	☐
4.	☐	☐	**8.**	☐	☐

CH

Consejero del aire. Un consejero de radio les ofrece consejos a los enamorados. Primero lee las siguientes oraciones. Luego escucha el programa y selecciona la mejor respuesta. Escucha una vez más para verificar tus respuestas.

1. La chica es de...

   a. Barcelona

   b. Valencia

   c. Burgos

2. La chica está enamorada...

   a. de su mejor amigo

   b. del mejor amigo de su hermano

   c. del hermano de su mejor amiga

3. La chica no quiere...

   a. revelar sus sentimientos

   b. casarse ahora

   c. estar enamorada

4. Según el consejero, ella debe...

   a. hablar con su amiga

   b. hablar con su amigo

   c. casarse inmediatamente

5. La palabra **cuñada** quiere decir...

   a. *sister-in-law*

   b. *mother-in-law*

   c. *godmother*

6. La chica decide...

   a. no decirle nada a nadie

   b. seguir los consejos del consejero

   c. confesarle su amor al chico

Estrategia para escuchar

Cómo pensar al escuchar

D

Una tradición española. Al escuchar, es importante no sólo prestar atención a la información que oyes sino también pensar, formular hipótesis e ideas, y refinarlas, revisarlas o cambiarlas si es necesario.

Vas a escuchar un informe sobre una tradición española que se conoce como "Las uvas de la felicidad". Después de cada párrafo, indica tus ideas sobre el contenido del informe. Escucha una vez más. Después de cada párrafo verifica tu respuesta.

Posibles respuestas

1. Este informe probablemente va a explicar...

    a. la producción de vino

    b. la importancia de las frutas

    c. el uso especial de las uvas

2. Probablemente vas a aprender más de...

    a. la Puerta del Sol

    b. la celebración del Año Nuevo

    c. el cultivo de uvas

3. La palabra **campanada** probablemente quiere decir...

    a. *the striking of a clock*

    b. *a bunch of grapes*

    c. *the numbers on a clock*

4. Es importante comer todas las uvas a tiempo para...

    a. no tener hambre

    b. tener un año de felicidad

    c. despedirse del año viejo

Escuchemos un cuento

Una mujer valiente. Lee las oraciones que aparecen a continuación. Luego escucha el siguiente cuento de una mujer valiente e indica si las oraciones son **Ciertas (C)** o **Falsas (F)**. Escucha una vez más para verificar tus respuestas.

C   F   **1.** El conde tenía un hijo y siete hijas.

C   F   **2.** Hubo una guerra contra los moros.

C   F   **3.** Era obligación de los hijos de los nobles participar en la guerra.

C   F   **4.** Catalina decidió vestirse de hombre.

C   F   **5.** Al conde le gustó la idea de Catalina.

C   F   **6.** Catalina no quiso usar armadura.

C   F   **7.** Catalina le salvó la vida al hijo del rey.

C   F   **8.** El príncipe observó las manos de Catalina.

C   F   **9.** Catalina nunca confesó su secreto.

C   F   **10.** El príncipe se casó y vivió feliz con Catalina.

A **Clara Consejera.** ¿Qué consejos les da Clara Consejera a los jóvenes que tienen los siguientes problemas?

Problemas	Consejos
_____ 1. Estoy enamorada de un amigo mío pero él no se da cuenta de eso.	**a.** Sugiero que busques trabajo inmediatamente.
_____ 2. Como mucho y peso demasiado.	**b.** Aconsejo que te calmes y que estudies más.
_____ 3. Estoy furiosa. El profesor de historia me puso una "F".	**c.** Recomiendo que te alegres de tener un buen amigo.
_____ 4. Tengo una invitación para una fiesta pero no tengo dinero para comprar ropa nueva.	**ch.** Aconsejo que no la lastimes. Cómprale un osito de peluche.
_____ 5. Me molesta que mi hermana se ponga mi ropa nueva.	**d.** Sugiero que adelgaces. Haz ejercicio y no comas tanto.
_____ 6. La hermana menor de mi mejor amigo está loca por mí.	**e.** Recomiendo que no te enojes con ella. Cómprale un suéter nuevo.

Preocupaciones y esperanzas. Mañana es el examen final de matemáticas. ¿Qué esperanzas tiene Lupita?

MODELO *profesor / calificar exámenes inmediatamente*
Espero que el profesor califique los exámenes inmediatamente.

1. papá / no enojarse si no salir bien

_____

_____

2. Julio y Toño / calmarse

_____

_____

3. Raquel / no tener miedo

_____

_____

4. Úrsula y Adela / hacer todos los ejercicios

_____

_____

5. abuelo / darme dinero si sacar una "A"

_____

_____

6. nosotros / poder ir al cine después del examen

_____

_____

7. tú / acostarse temprano el día antes del examen

_____

_____

8. Lisa / aprenderse todas las fórmulas

_____

_____

¡DIME!
DOS

UNIDAD 5
LECCIÓN 3

¡A ESCRIBIR!

C **¡Qué preocupada!** Susanita se preocupa constantemente. ¿De qué se preocupa en los siguientes casos?

MODELO

mamá

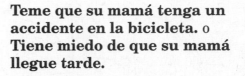

Teme que su mamá tenga un accidente en la bicicleta. o **Tiene miedo de que su mamá llegue tarde.**

su amiga

1. _____

_____

_____

sus hermanos

2. _____

_____

_____

papá

mi abuelita

3. _____
_____
_____

Claudia

Julio

4. _____
_____
_____

Carmen

5. _____
_____
_____

6. _____
_____
_____

Nombre _____

Fecha _____

¡DIME!
DOS

UNIDAD 5
LECCIÓN 3

¡A ESCRIBIR!

CH   **La clase de historia.** ¿Qué opina el profesor de historia al ver la clase?
¿Cómo reacciona? ¿Qué desea?

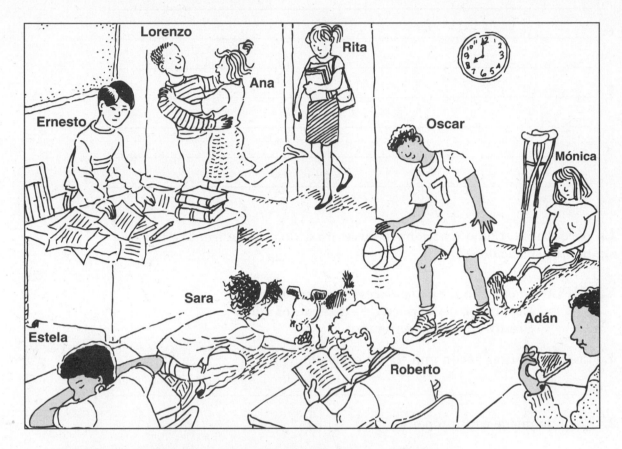

MODELO   **El profesor espera que Estela se despierte
            inmediatamente.** o
          El profesor no quiere que Estela se duerma en clase. o
          El profesor insiste en que Estela se despierte.

Vocabulario útil:

esperar	querer	sentir	estar alegre de
gustar	temer	insistir en	estar contento / furioso de

1. _____

   _____

2. _____

   _____

3. _____

_____

4. _____

_____

5. _____

_____

6. _____

_____

7. _____

_____

8. _____

_____

D **La directora.** ¿Cómo reacciona la directora de la escuela frente a las siguientes situaciones?

EJEMPLO *El entrenador de baloncesto está enfermo.*
        La directora espera que guarde cama. o
        Siente que esté enfermo.

1. Los estudiantes sacan una "D" en español.

_____

2. Yolanda puede cantar ópera.

_____

3. El Sr. Romero asiste a la clase de química.

_____

4. Yo llego tarde.

_____

5. Perdemos el partido de volibol.

_____

6. La cafetería sirve comida nutritiva.

_____

E **¿Y los profesores?** ¿Cómo reaccionan los profesores frente a las siguientes situaciones?

EJEMPLO

Están preocupados de que haya mucho tráfico. o
Temen que haya un accidente.

1. _____

_____

_____

2. _____

_____

_____

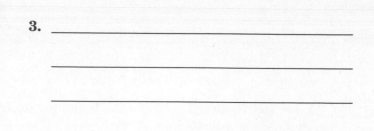

3. _____
_____
_____

4. _____
_____
_____

nosotros

5. _____
_____
_____

6. _____
_____
_____

Nombre _____

Fecha _____

¡DIME!
DOS

UNIDAD **5**
LECCIÓN **3**

¡A ESCRIBIR!

F **Reacciones.** Vas a dar una fiesta esta noche en tu casa. ¿Cómo reacciona una de las invitadas cuando le cuentas los detalles de la fiesta?

MODELO *Pablo va a tocar el piano.*
Es fantástico que toque el piano. o
Es terrible que Pablo toque el piano.

1. Gloria y Sergio no pueden venir.

_____

_____

2. Tomás viene con su prima.

_____

_____

3. Yo preparo nachos para la fiesta.

_____

_____

4. Marta está enferma.

_____

_____

5. Nosotros vamos a bailar toda la noche.

_____

_____

6. Los hermanos Lara tienen que irse temprano.

_____

_____

In this lesson you learned how to express emotion and make recommendations to others. You have also learned the new vocabulary listed below as well as additional vocabulary. Write all the vocabulary you have already learned under each category and add any other vocabulary that you found particularly useful in this lesson.

Para expresar emociones

_____   _____

_____   _____

_____   _____

_____   _____

_____   _____

Para hacer recomendaciones

_____   _____

_____   _____

_____   _____

_____   _____

_____   _____

Sentimientos

alegrarse (de) _____   enfurecer _____

amor *(m.)* _____   enojarse _____

calmarse _____   entristecer _____

confundido(a) _____   estar loco(a) por _____

enamorado(a) _____   _____

_____   _____

_____   _____

_____   _____

Palabras y expresiones

aunque

complicado(a)

consejero(a)

chisme *(m.)*

darse cuenta de

hacer(le) caso (a alguien)

lastimar

molestar

ponerse en línea

resultado

titular

universitario(a)

Para derivar palabras

A **Relación semántica.** Con frecuencia, hay una relación semántica entre las profesiones y los productos con los que se trabaja en esa profesión. Por ejemplo, el zapatero trabaja con zapatos, el tortillero produce tortillas. ¿Qué productos podemos relacionar con estos oficios?

lechera _____

peluquero _____

vaquero _____

carnicero _____

B **Más relaciones.** Con frecuencia, también hay una relación semántica entre el producto y el establecimiento o lugar donde se fabrica o se vende. Por ejemplo, la leche se vende en una lechería y el pan en una panadería. ¿Qué productos crees que se venden en estos lugares?

joyería _____

papelería _____

frutería _____

librería _____

Producto, persona y lugar. Las siguientes palabras muestran una relación semántica entre las tres categorías: el producto, la persona que trabaja con el producto y el lugar donde se fabrica o se vende ese producto. ¿Puedes completar las categorías que faltan en cada caso?

Producto	Persona	Lugar
1. _____	papelero	_____
2. _____	_____	lechería
3. pelo _____	_____	_____
4. _____	carnicero	_____
5. _____	librero	_____
6. _____	_____	tortillería
7. churro _____	_____	_____
8. _____	_____	pastelería
9. _____	relojero	_____
10. joyas _____	_____	_____
11. _____	_____	sombrerería
12. _____	zapatero	_____

A **¿Me invitas?** Hay muchas fiestas este fin de semana. Escucha lo que dicen las siguientes personas e indica si extienden una invitación, aceptan una invitación o rechazan (no aceptan) una invitación. Escucha una vez más para verificar tus respuestas.

	Extiende	*Acepta*	*Rechaza*
1.	☐	☐	☐
2.	☐	☐	☐
3.	☐	☐	☐
4.	☐	☐	☐
5.	☐	☐	☐
6.	☐	☐	☐
7.	☐	☐	☐
8.	☐	☐	☐

B **Gracias.** Mucha gente quiere salir este fin de semana. Escucha los siguientes comentarios e indica cuál de estas oraciones sigue el comentario que oyes. Escucha una vez más para verificar tus respuestas.

1. **a.** ¡Qué lástima! Tengo planes el sábado.

   b. Con mucho gusto. ¿A qué hora?

2. **a.** ¿Y el sábado? ¿Estás libre?

   b. ¿Quieres ir de compras mañana?

3. **a.** Lo siento, pero no puedo. Tengo que trabajar.

   b. Me encanta bailar.

4. **a.** ¿Qué te parece si salimos a las nueve?

   b. Gracias, pero salgo para el trabajo a las ocho.

 OVER ▷

5. a. Gracias. Me encantaría.

   b. ¡Qué lástima! Es una película buena.

6. a. Buena idea. Dicen que es fabuloso.

   b. Lo siento, pero no te conoce.

7. a. ¡Qué divertido! Me encantó la fiesta.

   b. ¡Qué mala suerte! Estoy enfermo.

8. a. ¿Quieres estudiar conmigo?

   b. No tengo tiempo ahora. Quizás más tarde.

C **No estoy seguro.** Todos están hablando del partido de volibol del sábado. Escucha los comentarios e indica si expresan duda o certeza (no duda). Escucha una vez más para verificar tus respuestas.

	Duda	*Certeza*
1.	☐	☐
2.	☐	☐
3.	☐	☐
4.	☐	☐
5.	☐	☐
6.	☐	☐
7.	☐	☐
8.	☐	☐
9.	☐	☐
10.	☐	☐

Nombre _____

Fecha _____

¡DIME! DOS

UNIDAD **6**
LECCIÓN **1**

¡A ESCUCHAR!

CH **De compras.** Varias personas están hablando en el centro comercial. Escucha sus comentarios e indica de qué artículo(s) están hablando. Escucha una vez más para verificar tus respuestas.

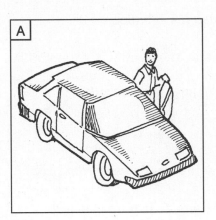

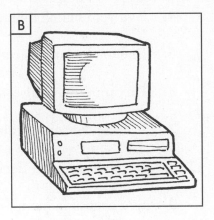

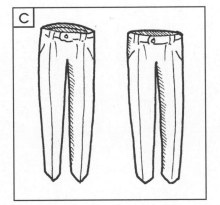

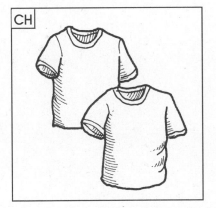

1. _____   2. _____   3. _____

4. _____   5. _____   6. _____

7. _____   8. _____

D **¿Quieres ir?** Eva y Tito están hablando de sus planes para el fin de semana. Lee las siguientes oraciones. Luego escucha su conversación e indica si las oraciones son **Ciertas (C)** o **Falsas (F).** Escucha una vez más para verificar tus respuestas.

C F **1.** Tito ya tiene planes para el fin de semana.

C F **2.** Hay una nueva película romántica en el cine.

C F **3.** Tito invita a Eva a ir a la feria.

C F **4.** Eva y su mamá limpian la casa los sábados.

C F **5.** El sábado por la tarde Eva tiene que ayudar a su mamá.

C F **6.** Hay una nueva discoteca en la ciudad.

C F **7.** A Eva le encanta bailar.

C F **8.** Es obvio que Eva tiene mucho interés en salir con Tito.

C F **9.** Eva acepta la invitación de Tito para ir a un concierto.

C F **10.** Tito y Eva van a comer juntos.

 A   **¿Qué decimos...?** Lee cada uno de los siguientes comentarios y escribe el nombre de la persona que lo dijo, basándote en la información contenida en el video y/o la fotonovela de esta lección.

Sr. Galindo

Margarita

Martín

Daniel

1. _____ Martín, dudo que necesites tanta práctica.

2. _____ Somos fuertes. Además nos vamos a abrigar bien.

3. _____ ¿Revisaron la batería?

4. _____ A mis papás les encanta acampar.

5. _____ Creo que todos los fusibles están bien.

6. _____ ¡Martín, eres un genio!

7. _____ ¿Están locos? Hace mucho frío, ¿no?

8. _____ Dudo que haya una gasolinera por aquí.

9. _____ ¡Ay, Martín! ¿Tú qué sabes de carros?

10. _____ ¡Ay, esa Margarita! ¡Qué exagerada!

Invitaciones. ¿Qué te contesta tu amigo(a) cuando lo(la) invitas a hacer las siguientes actividades?

MODELO

YO: **Voy a jugar béisbol. ¿Me acompañas?** o **Voy a jugar béisbol. ¿Quieres acompañarme?**

AMIGO(A): **Gracias, pero debo lavar el coche.** o **Lo siento, pero tengo que lavar el coche.**

1. YO: _____

_____

AMIGO(A): _____

_____

_____

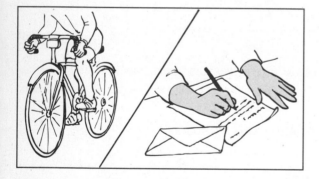

2. YO: _____

_____

AMIGO(A): _____

_____

_____

3. YO: _____

_____

AMIGO(A): _____

_____

_____

4. YO: _____

_____

AMIGO(A): _____

_____

_____

5. YO: _____

_____

AMIGO(A): _____

_____

_____

6. YO: _____

_____

AMIGO(A): _____

_____

_____

7. YO: _____

_____

AMIGO(A): _____

_____

_____

C ¡**Claro que sí!** Un amigo los invita a tu amigo(a) y a ti a ir a ciertos lugares. ¿Cómo responden Uds.?

MODELO *Voy a una exhibición de arte moderno. ¿Me acompañan?*
¡Claro que sí! ¿Cuándo vamos?

1. ¿Quieren acompañarme al gimnasio?

_____

_____

2. Voy al museo de antropología. ¿Me acompañan?

_____

_____

3. Jorge y yo vamos al concierto esta noche. ¿Nos acompañan?

_____

_____

4. Voy a ver la obra "El gesticulador". ¿Me acompañan?

_____

_____

5. ¿Quieren acompañarme a la tienda de discos?

_____

_____

6. ¿Quieren acompañarme a la casa de Julio?

_____

_____

¡DIME!
DOS

UNIDAD **6**
LECCIÓN **1**

¡A ESCRIBIR!

CH **¡Qué divertido!** Tus primos de Oregón están de visita en tu casa. Pregúntales si quieren acompañarte a ciertos lugares de tu ciudad. Luego escribe sus respuestas.

MODELO   TÚ: **¿Quieren acompañarme al Museo Alexander Lindsay para ver los animales?**
PRIMOS: **¡Claro que sí! Queremos ser veterinarios.** o
¡Lo siento, pero no nos gustan los animales!

1.   TÚ: _____
_____

PRIMOS: _____
_____

2.   TÚ: _____
_____

PRIMOS: _____
_____

3.   TÚ: _____
_____

PRIMOS: _____
_____

4.   TÚ: _____
_____

PRIMOS: _____
_____

5.   TÚ: _____
_____

PRIMOS: _____
_____

6.   TÚ: _____
_____

PRIMOS: _____
_____

D **Es posible.** ¿Qué vas a hacer en diez años? Indica si lo que ves en la bola de cristal es probable, dudoso o posible para ti.

MODELO **Es dudoso que sea abogado en San Francisco.** o
Es posible que sea abogado en San Francisco.

Vocabulario útil:

Es probable   Es posible   Es imposible
Es dudoso   Dudo que

1. _____

2. _____

3. _____

4. _____

5. _____

6. _____

7. _____

8. _____

E   **¡Estoy seguro!** Expresa con certeza que tus amigos hacen todo bien.

MODELO   *Margarita / jugar tenis*
         Es cierto que Margarita juega tenis bien.

Vocabulario útil:

Es cierto   Es evidente
Es verdad   Está claro
Es obvio

1. Pablo / tocar la guitarra

_____

_____

2. Memo / correr

_____

_____

3. las hermanas Wynstra / nadar

_____

_____

4. tú / trabajar

_____

_____

5. la profesora Quiñones / enseñar

_____

_____

6. Rafael y Simón / cocinar bien

_____

_____

El pesimista. Estás hablando de la escuela con tu mamá. ¿Cómo responde ella a tus comentarios pesimistas?

MODELO   Hay demasiados estudiantes.
Dudo que haya demasiados estudiantes. o
Es obvio que hay demasiados estudiantes.

Vocabulario útil:

dudar	es posible	es imposible
es probable	es improbable	es dudoso
es cierto	es evidente	es obvio

1. Todos los profesores son antipáticos.

   _____

   _____

2. Hay muchas clases aburridas.

   _____

   _____

3. La escuela es muy pequeña.

   _____

   _____

4. La comida de la cafetería es fatal.

   _____

   _____

5. El director es muy antipático.

   _____

   _____

6. Hay muchos estudiantes tontos.

   _____

   _____

7. Los libros son muy viejos.

   _____

   _____

8. No hay computadoras en la escuela.

   _____

   _____

Nombre _____

Fecha _____

¡DIME!
DOS

UNIDAD **6**
LECCIÓN **1**

¡A ESCRIBIR!

G **El año 2025.** ¿Estás de acuerdo con la siguiente descripción de lo que va a pasar en el año 2025?

MODELO   Una mujer va a ser presidente de EE.UU.
Sí, creo que una mujer va a ser presidente. o
No creo que una mujer sea presidente.

1. Todo el mundo va a vivir en casas o apartamentos.

   _____

   _____

2. Los jóvenes van a saber mucho de relaciones internacionales.

   _____

   _____

3. No va a haber problemas de destrucción de bosques tropicales.

   _____

   _____

4. La educación universitaria no va a ser necesaria.

   _____

   _____

5. Va a haber muchas regiones desconocidas en la Tierra.

   _____

   _____

6. La gasolina va a ser más importante que el agua.

   _____

   _____

7. Los científicos van a descubrir una cura para el cáncer.

   _____

   _____

8. Vamos a tener suficiente comida para todo el mundo.

   _____

   _____

Regalos. Ayer fue tu cumpleaños. ¿Quién te dio los siguientes regalos?

MODELO   *¿Quién te dio la guitarra?*
Me la dio Pedro.

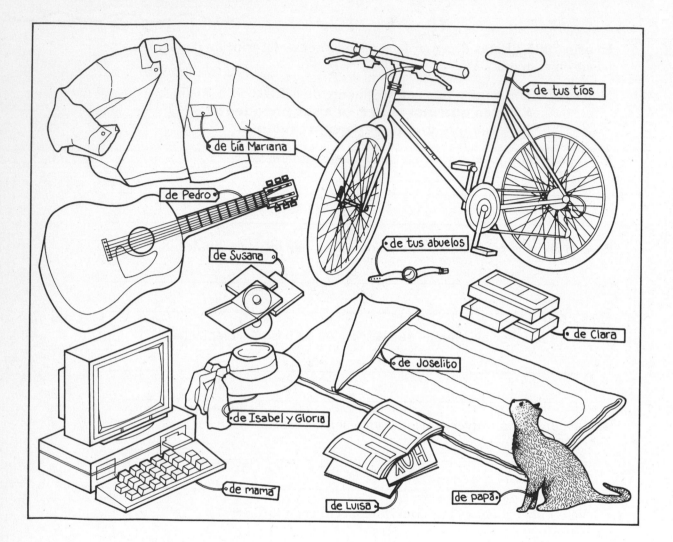

1. ¿Quién te dio la computadora?

_____

_____

2. ¿Quién te dio el reloj?

_____

_____

3. ¿Quién te dio los discos compactos?

_____

_____

Nombre _____

Fecha _____

¡DIME!
DOS

UNIDAD **6**
LECCIÓN **1**

¡A ESCRIBIR!

4. ¿Quién te dio la bicicleta?

_____

_____

5. ¿Quién te dio el saco de dormir?

_____

_____

6. ¿Quién te dio los videos?

_____

_____

7. ¿Quién te dio la chaqueta?

_____

_____

8. ¿Quién te dio las revistas?

_____

_____

9. ¿Quién te dio el gato?

_____

_____

10. ¿Quién te dio el sombrero?

_____

_____

I **Regalos del mundo.** Tu tío Manolo viajó por todo el mundo y le trajo muchos recuerdos a la familia. ¿Qué les trajo a ustedes?

MODELO   *¿Les trajo chaquetas españolas a ustedes?*
          Sí, nos las trajo.

1. ¿Les trajo suéteres noruegos a ustedes?

   _____

   _____

2. ¿Te trajo un collar chino a ti?

   _____

   _____

3. ¿Les trajo sombreros ecuatorianos?

   _____

   _____

4. ¿Te trajo zapatos españoles?

   _____

   _____

5. ¿Les trajo una pieza de cerámica mexicana?

   _____

   _____

6. ¿Les trajo pulseras japonesas?

   _____

   _____

7. ¿Te trajo revistas inglesas?

   _____

   _____

8. ¿Les trajo novelas argentinas?

   _____

   _____

J **Una carta.** Recibiste una carta de un amigo que acaba de mudarse a otra ciudad. Contesta sus preguntas.

MODELO   *¿Quién me va a mandar el álbum escolar? (Luisa)*
Luisa va a mandártelo.

1. ¿Quién me va a escribir una carta? (nosotros)

_____

_____

2. ¿Quién me va a dar la dirección de Julia? (yo)

_____

_____

3. ¿Quién me va a conseguir los números de teléfono que necesito? (Roberto)

_____

_____

4. ¿Quién me va a mandar las tarjetas de béisbol? (mamá y papá)

_____

_____

5. ¿Quién me va a comprar la revista del campeonato? (Andrés y yo)

_____

_____

6. ¿Quién me va a contar todas tus actividades? (yo)

_____

_____

In this lesson you learned how to extend, accept, and decline an invitation, and how to express opinions and doubt. You have also learned the new vocabulary listed below as well as additional vocabulary. Write all the vocabulary you have already learned under each category and add any other vocabulary that you found particularly useful in this lesson.

Para hacer una invitación

_____   _____

_____   _____

_____   _____

_____   _____

_____   _____

_____   _____

Para aceptar una invitación

_____   _____

_____   _____

_____   _____

_____   _____

_____   _____

_____   _____

Para rechazar una invitación

_____   _____

_____   _____

_____   _____

_____   _____

_____   _____

_____   _____

Para expresar opiniones

_____   _____
_____   _____
_____   _____
_____   _____
_____   _____

Para expresar dudas

_____   _____
_____   _____
_____   _____
_____   _____
_____   _____

Acampar

anochecer _____   saco de dormir _____
batería _____   sierra _____
carretera _____   _____
_____   _____

Verbos

aguantar _____   revisar _____
colgar _____   sospechar _____
dudar _____   _____
_____   _____

Palabras y expresiones

exagerado(a) _____   ¡quíhubole! _____
genio _(m./f.)_ _____   sucio(a) _____
¡que les vaya bien! _____   _____
_____   _____

Nombre _____

Fecha _____

¡DIME! DOS

UNIDAD **6**
LECCIÓN **2**

¡A ESCUCHAR!

A **¡En México!** Un amigo y tú piden direcciones para ir a varios lugares. Empezando en el hotel, indica adónde van, trazando una línea de lugar en lugar. Escucha una vez más para verificar tu dibujo. Reúnete en grupo y verifica tu dibujo junto con tus compañeros.

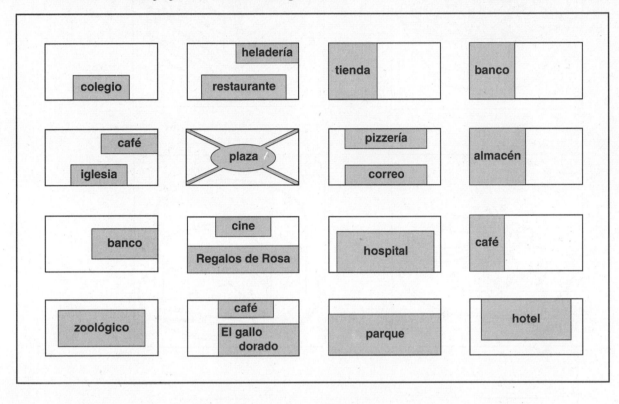

B **Turistas.** Manuel y Sofía están de vacaciones con sus familias y se encuentran en la ciudad de México. Escucha su conversación y luego indica si Manuel, Sofía o ambos han visitado los lugares mencionados. Escucha una vez más para verificar tus respuestas.

	Manuel	Sofía	Ambos
Torre Latinoamericana	☐	☐	☐
Alameda	☐	☐	☐
Zona Rosa	☐	☐	☐
Zócalo	☐	☐	☐
Catedral	☐	☐	☐
Palacio de Bellas Artes	☐	☐	☐
Metro	☐	☐	☐
Museo de Antropología	☐	☐	☐

¿Listo? Vas de picnic con un grupo de amigos y oyes los siguientes comentarios. Indica a qué figura se refieren. Escucha una vez más para verificar tus respuestas.

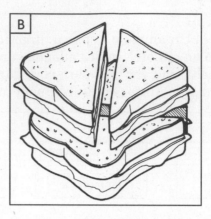

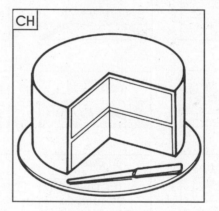

1. _____   2. _____   3. _____

4. _____   5. _____   6. _____

7. _____   8. _____

Nombre _____

Fecha _____

¡DIME!
DOS

UNIDAD 6
LECCIÓN 2

¡A ESCUCHAR!

CH **De venta.** Los vecinos de Yoli tuvieron una venta en su garaje. Escucha lo que dice Yoli e indica si ella y su familia compraron las siguientes cosas o no. Escucha una vez más para verificar tus respuestas.

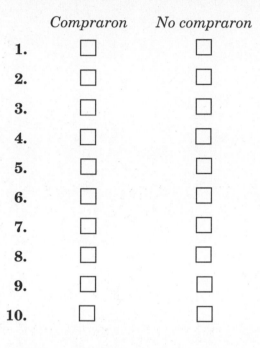

	Compraron	*No compraron*
1.	☐	☐
2.	☐	☐
3.	☐	☐
4.	☐	☐
5.	☐	☐
6.	☐	☐
7.	☐	☐
8.	☐	☐
9.	☐	☐
10.	☐	☐

D **En el campamento.** Andrés y Pablo fueron a acampar. Lee las oraciones que aparecen a continuación. Luego escucha la conversación e indica si las oraciones son **Ciertas (C)** o **Falsas (F)**. Escucha la conversación una vez más para verificar tus respuestas.

C   F   **1.**   Andrés va a cocinar.

C   F   **2.**   Pablo no encuentra la hielera.

C   F   **3.**   Pablo está muy preocupado por la hora.

C   F   **4.**   Pablo va a armar la carpa.

C   F   **5.**   Pablo no sabe dónde está el pan.

C   F   **6.**   Pablo no encuentra los sacos de dormir.

C   F   **7.**   A Pablo le gusta escuchar música.

C   F   **8.**   Andrés quiere usar la linterna.

C   F   **9.**   Pablo empacó la linterna.

C   F   **10.**   Andrés está muy contento de la situación.

Nombre _____

Fecha _____

¡DIME!
DOS

UNIDAD **6**
LECCIÓN **2**

¡A ESCRIBIR!

A **¿Qué decimos...?** Martín, Daniel y su papá van a Aguirre Springs.
¿Dónde ocurren los siguientes comentarios, en el campamento o en la
cueva?

1. Hay tres sitios distintos.

   _____

2. Oyeron un gruñido fuerte.

   _____

3. Es un sitio arqueológico.

   _____

4. Pon la linterna encima de la mesa.

   _____

5. Sirvió de refugio para mucha gente prehistórica.

   _____

6. Tráeme la hielera.

   _____

7. Ayúdame a armar la carpa.

   _____

8. Lo único que vieron en la oscuridad fueron los ojos brillantes de

   un puma.

   _____

¿Cómo llego a...? ¿Qué le dices a un estudiante nuevo en la escuela cuando te pregunta cómo llegar a los siguientes lugares?

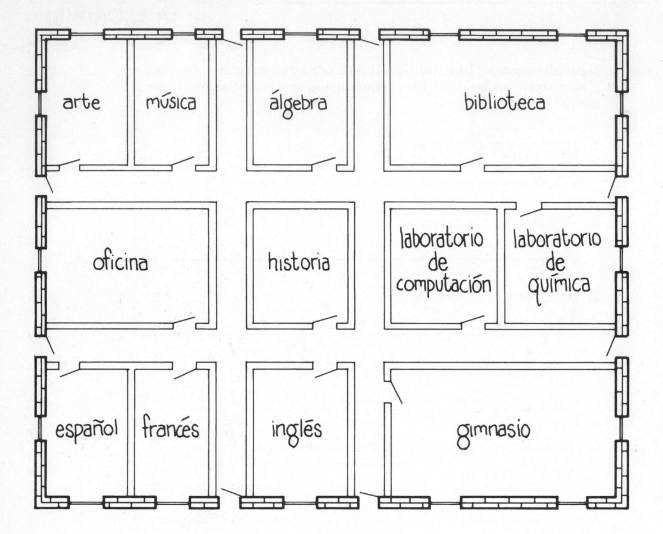

1. ¿Cómo se llega al gimnasio desde la oficina?

_____

_____

_____

_____

2. ¿Cómo se llega al laboratorio de química desde la clase de inglés?

_____

_____

_____

_____

Nombre _____

Fecha _____

¡DIME!
DOS

UNIDAD 6
LECCIÓN 2

¡A ESCRIBIR!

3. ¿Cómo se llega a la biblioteca desde la clase de arte?

_____

_____

_____

4. ¿Cómo se llega a la clase de francés desde el gimnasio?

_____

_____

_____

5. ¿Cómo se llega al laboratorio de computación desde la biblioteca?

_____

_____

_____

6. ¿Cómo se llega a la clase de álgebra desde la clase de música?

_____

_____

_____

7. ¿Cómo se llega a la clase de español desde la clase de historia?

_____

_____

_____

8. ¿Cómo se llega a la oficina desde la clase de francés?

_____

_____

_____

Vienen a visitar. Tus abuelos vienen a visitar a tu familia.
¿Qué preparaciones han hecho para la visita?

MODELO **Papá ha cortado el césped.**

mamá	limpiar los baños
papá	pasar el trapo
yo	preparar la comida
mis hermanos	bañar el perro
Lucía	cortar el césped
todos nosotros	barrer el patio
	pasar la aspiradora
	sacar la basura

1. _____

_____

2. _____

_____

3. _____

_____

4. _____

_____

5. _____

_____

6. _____

_____

Nombre _____

Fecha _____

¡DIME!
DOS

UNIDAD **6**
LECCIÓN **2**

¡A ESCRIBIR!

CH **El viaje a México.** Estás de viaje en México. ¿Qué le cuentas a tu mamá cuando te pregunta por teléfono qué has hecho?

MODELO *pasear por el Bosque de Chapultepec*
He paseado por el Bosque de Chapultepec.

1. descubrir lugares interesantes

_____

_____

2. escribir muchas tarjetas postales

_____

_____

3. no rompérseme nada

_____

_____

4. visitar las pirámides de Teotihuacán

_____

_____

5. ver unas maravillas

_____

_____

6. hacer excursiones a varios pueblos.

_____

_____

Las tareas. La profesora quisiera saber qué han hecho ustedes.
¿Qué le dicen?

MODELO   escribir la composición
        Hemos escrito la composición.

hacer la tarea   aprender la lección
resolver el problema   organizar los cuadernos
traer las reglas   leer el cuento
poner las composiciones   ver los programas
   en el cuaderno   recomendados

1. _____

_____

2. _____

_____

3. _____

_____

4. _____

_____

5. _____

_____

6. _____

_____

7. _____

_____

8. _____

_____

Nombre _____

Fecha _____

E **Más regalos.** En un viaje a Sudamérica compraste muchos regalos para tus familiares y amigos(as). Un amigo tuyo quiere saber dónde compraste lo que trajiste.

MODELO

AMIGO(A): **¿Dónde compraste el collar para tu abuela?**
TÚ: **Se lo compré en Argentina.**

David/Ecuador

1. AMIGO(A): _____

_____

TÚ: _____

_____

hermanos/Paraguay

2. AMIGO(A): _____

_____

TÚ: _____

_____

mamá/Venezuela

3. AMIGO(A): _____

_____

TÚ: _____

_____

abuelos/Colombia

4. AMIGO(A): _____

_____

TÚ: _____

_____

tías/Perú

5. AMIGO(A): _____

_____

TÚ: _____

_____

Silvia/Bolivia

6. AMIGO(A): _____

_____

TÚ: _____

_____

Silvia y mamá/Argentina

7. AMIGO(A): _____

_____

TÚ: _____

_____

abuelo/Chile

8. AMIGO(A): _____

_____

TÚ: _____

_____

F **Mandones.** El hermanito de Luisa, Pablito, está enfermo. ¿Qué le dice su mamá a Luisa cuando Pablito pide lo siguiente?

MODELO PABLO: *Mamá, quiero que me cantes una canción.*
MAMÁ: **Cántasela tú, Luisa.**

1. PABLO: Mamá, quiero que me traigas una limonada.

MAMÁ: _____

2. PABLO: Mamá, quiero que me leas un cuento.

MAMÁ: _____

3. PABLO: Mamá, quiero que me des mi bata.

MAMÁ: _____

4. PABLO: Mamá, quiero que me hagas unos dibujos.

MAMÁ: _____

5. PABLO: Mamá, quiero que me laves la cara.

MAMÁ: _____

6. PABLO: Mamá, quiero que me busques el gato.

MAMÁ: _____

7. PABLO: Mamá, quiero que me prepares unos sándwiches.

MAMÁ: _____

8. PABLO: Mamá, quiero que me sirvas helado.

MAMÁ: _____

G **Respuestas.** ¿Cómo contesta tu mamá estas preguntas que le haces?

MODELO   *¿Le digo la verdad a papá?*
Sí, dísela.

1. ¿Le explico la lección a Pablito?

_____

2. ¿Les llevo los periódicos a mis abuelos?

_____

3. ¿Le doy los papeles a la profesora?

_____

4. ¿Les cuento la historia a los chicos?

_____

5. ¿Les sirvo la comida a tío Alfredo y a tía María?

_____

6. ¿Le traigo los juguetes a Pepito?

_____

7. ¿Le doy el disco a Sarita?

_____

8. ¿Le explico el accidente al policía?

_____

In this lesson you learned how to ask for and give directions and how to exchange information. You also learned the new vocabulary listed below as well as additional vocabulary. Write all the vocabulary you have already learned under each category and add any other vocabulary that you found particularly useful in this lesson.

Para pedir direcciones

_____   _____

_____   _____

_____   _____

_____   _____

_____   _____

_____   _____

Para explicar cómo llegar a un lugar

_____   _____

_____   _____

_____   _____

_____   _____

_____   _____

_____   _____

Para intercambiar información

_____   _____

_____   _____

_____   _____

_____   _____

_____   _____

_____   _____

Acampar

armar _____

carpa _____

camino _____

cueva _____

hielera _____

milla _____

_____

_____

_____

linterna _____

morirse de miedo _____

oscuro(a) _____

puma _____

sitio _____

_____

_____

_____

Participios

abierto _____

descubierto _____

dicho _____

escrito _____

hecho _____

muerto _____

_____

puesto _____

resuelto _____

roto _____

visto _____

vuelto _____

_____

Verbos

dibujar _____

pesar _____

sobresalir _____

_____

_____

_____

_____

_____

Palabras y expresiones

refugio _____

sospechoso(a) _____

_____

_____

_____

_____

_____

_____

_____

A **Recuerdos.** La abuela y su hermano Édgar están recordando cómo celebraba la familia los días de santo cuando eran niños. Escucha lo que dicen y marca en los cuadros apropiados la actividad que cada persona realizaba. Escucha una vez más para verificar tus respuestas.

	abuela	*Édgar*	*mamá*	*papá*	*todos*
hacer el pastel					
comprar la piñata					
decorar la casa					
recibir a los invitados					
romper la piñata					
comer los dulces					
tocar la guitarra					
cantar					
bailar					
comer el pastel					

Un día especial. Víctor no siguió su rutina normal ayer. Escucha lo que dice e indica la hora de cada actividad, escribiendo la letra de la hora correspondiente al lado de la actividad. Escucha una vez más para verificar tus respuestas.

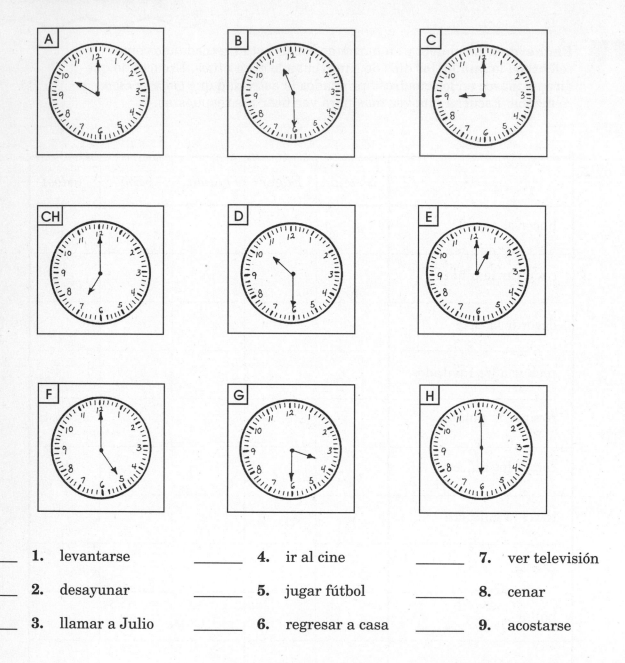

_____ **1.** levantarse   _____ **4.** ir al cine   _____ **7.** ver televisión

_____ **2.** desayunar   _____ **5.** jugar fútbol   _____ **8.** cenar

_____ **3.** llamar a Julio   _____ **6.** regresar a casa   _____ **9.** acostarse

C   **De vacaciones.** Adela pasó unas vacaciones estupendas en Mazatlán. Escucha lo que dice e indica la secuencia cronológica de las escenas, escribiendo los números del 1 al 6 en los dibujos. Escucha una vez más para verificar tus respuestas.

_____

_____

_____

_____

D

_____

E

_____

CH   **¡Qué fiesta!** En la cafetería todos están hablando de la fiesta del sábado pasado. Indica si los comentarios son **positivos (+)** o **negativos (–)**. Escucha una vez más para verificar tus respuestas.

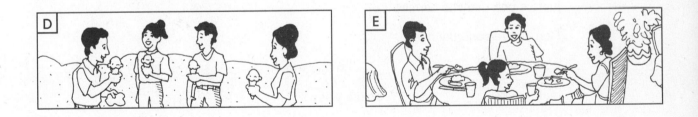

1.   +   –   5.   +   –

2.   +   –   6.   +   –

3.   +   –   7.   +   –

4.   +   –   8.   +   –

Estrategia para escuchar

Cómo escuchar poesía

D

Recuerdo infantil. La poesía oral tiene una historia muy larga. Antes de los periódicos, había personas que iban de pueblo en pueblo contando las noticias en forma poética. Hasta hoy en día es muy común escuchar la poesía. Cuando escuchamos una canción, oímos poesía oral.

En el mundo de habla hispana es muy común declamar poesías. El ritmo, la rima, la aliteración y las demás técnicas contribuyen a la apreciación y la comprensión de un poema. Escucha el siguiente poema y complétalo, escribiendo las palabras que faltan en los espacios en blanco. Escucha una vez más para verificar tus palabras. Luego contesta las preguntas que aparecen después del poema.

Recuerdo infantil

Una tarde parda y _____

de invierno. Los colegiales

_____. Monotonía

de _____ tras los cristales.

Es la _____. En un cartel

se representa a Caín

fugitivo, y _____ Abel,

junto a una mancha carmín.

Con timbre sonoro y hueco

truena el _____, un anciano

mal _____, enjuto y seco,

que lleva un libro en la _____.

Y _____ un coro infantil

va cantando la _____;

mil veces ciento, cien _____,

mil veces mil, un millón.

Una _____ parda y fría

de _____. Los colegiales

estudian. Monotonía

de lluvia tras los _____.

Antonio Machado (1875–1939)

Ahora contesta las siguientes preguntas.

1. En este poema, el poeta recuerda...

   a. un hospital

   b. su casa

   c. la escuela

   ch. la iglesia

2. En la primera estrofa, la palabra *cristales* quiere decir...

   a. ventanas

   b. mesas

   c. mapas

   ch. platos

3. El poeta recuerda al maestro como un hombre...

   a. interesante

   b. viejo

   c. excelente

   ch. joven

4. El tono de la escena que evoca el poeta es...

   a. alegre

   b. interesante

   c. divertida

   ch. aburrida

Escuchemos un cuento

E **La casa misteriosa.** Lee las siguientes oraciones. Luego escucha el
cuento e indica si las oraciones son **Ciertas (C)** o **Falsas (F).** Escucha una
vez más para verificar tus respuestas.

C   F   **1.** Adán y Julia viven en una ciudad grande.

C   F   **2.** Los chicos jugaban e iban a las casas de los vecinos.

C   F   **3.** Había una casa de donde salían gritos misteriosos.

C   F   **4.** Los adultos les permitieron a los niños visitar la casa
azul.

C   F   **5.** Adán y Julia se divertían explorando.

C   F   **6.** Los chicos tenían ganas de visitar la casa azul.

C   F   **7.** Una señora joven y elegante vivía en la casa azul.

C   F   **8.** La señora tenía unos animales feroces.

C   F   **9.** Al ver los animales, los niños se asustaron y se fueron
corriendo a su casa.

C   F   **10.** Los niños les contaron todo a sus padres.

Nombre _____

Fecha _____

¡DIME!
DOS

UNIDAD **6**
LECCIÓN **3**

¡A ESCRIBIR!

A   **¡A acampar!** Completa cada oración. Luego ponlas en orden cronológico y escríbelas formando un párrafo.

acampar   advirtió   alarmaron   excavaciones
prender   historia   muerto   arqueológicas
señal   ermitaño   siglo

1. Una noche la gente no vio la _____ .

2. Hay un cuento de un señor del _____ pasado.

3. Mi papá, mi hermano y yo fuimos a _____ a las

   montañas.

4. Al día siguiente lo encontraron _____ .

5. Cuando el _____ era viejo, se instaló en la cueva.

6. Fuimos a un sitio de _____ .

7. Todos se _____ .

8. La gente le _____ que era peligroso vivir allí solo.

9. Dijo que todas las noches iba a _____ un fuego

   frente a la cueva.

10. Es una cueva que tiene una _____ de siete

    mil años.

_____

_____

_____

_____

_____

_____

_____

_____

_____

_____

En el campamento. Tú y tus amigos iban a las montañas a acampar todos los veranos. ¿Qué hacían cuando iban?

MODELO **Sergio armaba la carpa.**

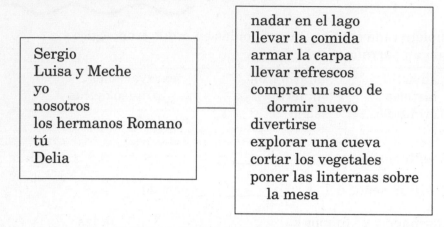

Sergio
Luisa y Meche
yo
nosotros
los hermanos Romano
tú
Delia

nadar en el lago
llevar la comida
armar la carpa
llevar refrescos
comprar un saco de
    dormir nuevo
divertirse
explorar una cueva
cortar los vegetales
poner las linternas sobre
    la mesa

1. _____

_____

2. _____

_____

3. _____

_____

4. _____

_____

5. _____

_____

6. _____

_____

7. _____

_____

Nombre _____

Fecha _____

¡DIME!
DOS

UNIDAD 6
LECCIÓN 3

¡A ESCRIBIR!

C ¡**Fue fantástico!** Ayer fue un día fantástico. Toda la familia fue al parque y se divirtió muchísimo. ¿Qué hicieron en el parque?

MODELO **Tío Samuel corrió por el parque.**

1. _____

_____

2. _____

_____

3. _____

_____

4. _____

_____

5. _____

_____

6. _____

_____

CH **¡Qué susto!** Durante el fin de semana el Club de Español fue a pasar una noche en el campamento de Aguirre Springs. Describe lo que pasó.

MODELO _todos / estar cansado / cuando llegar al campamento_
Todos estábamos cansados cuando llegamos al campamento.

1. chicos / explorar la cueva / cuando ver un puma

_____

_____

2. profesores / armar la carpa / cuando oír a los chicos gritar

_____

_____

3. Julio / estar muerto de miedo / cuando llegar los profesores

_____

_____

4. yo / dormir / cuando oír un ruido muy fuerte

_____

_____

5. tú / tener frío / cuando salir a prender el fuego

_____

_____

6. chicas / tener mucho miedo / cuando escuchar los cuentos de espanto

_____

_____

7. Papá y Ricardo / estar con las chicas / cuando regresar los muchachos

_____

_____

Nombre _____

Fecha _____

¡DIME!
DOS

UNIDAD **6**
LECCIÓN **3**

¡A ESCRIBIR!

D **Interrupciones.** Ayer la clase de español tuvo muchas interrupciones.
Descríbelas.

MODELO

Pablo

director / entrar por la puerta
**Pablo hablaba en la clase cuando el
director entró por la puerta.**

La clase

1. Sebastián / apagar las luces

_____

_____

_____

La clase

2. Luisa / desenchufar el televisor

_____

_____

_____

La profesora

Vocabulario
área
armar
astronauta

3. sonar el timbre

_____

_____

_____

Simón   **Lorenzo**

4. caja / caerse

_____

_____

_____

Concepción

5. dormirse

_____

_____

_____

estudiantes

6. perro feroz / entrar por la puerta

_____

_____

_____

¡DIME!
DOS

UNIDAD **6**
LECCIÓN **3**

¡A ESCRIBIR!

E   **Comentarios.** Tus amigos están hablando de todo. ¿Qué comentarios oyes?

MODELO   *Inés / ser / bueno / amiga*
        Inés es buena amiga.

1. cuando / hacer / bueno / tiempo / equipo / jugar / bien

   _____

   _____

2. Sr. Durán / ser / tercero / director / escuela

   _____

   _____

3. ¿haber / alguno / estudiante nuevo?

   _____

   _____

4. Mateo / ser / malo / jugador de tenis

   _____

   _____

5. no haber / ninguno / computadora que funcionar

   _____

   _____

6. Anoche / jugadores de fútbol / ganar / primero / partido

   _____

   _____

7. profesor / inglés / buscar / alguno / libro / biblioteca

   _____

   _____

F **¡Pobre Elena!** La semana pasada fue terrible para Elena. Escribe un cuento basado en estos dibujos.

lunes

martes

miércoles

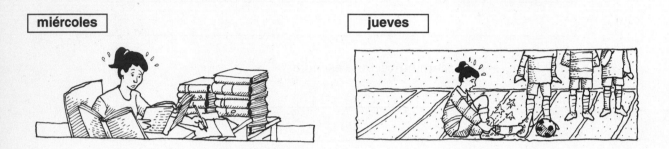

jueves

viernes

_____

_____

_____

_____

_____

_____

_____

_____

_____

_____

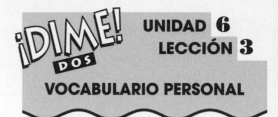

In this lesson you learned how to narrate past events, retell a story and express your opinions. You have also learned the new vocabulary listed below as well as additional vocabulary. Write all the vocabulary you have already learned under each category and add any other vocabulary that you found particularly useful in this lesson.

Para narrar en el pasado

_____   _____

_____   _____

_____   _____

_____   _____

_____   _____

_____   _____

Para narrar un cuento

_____   _____

_____   _____

_____   _____

_____   _____

_____   _____

Para expresar opiniones

_____   _____

_____   _____

_____   _____

_____   _____

_____   _____

Cuento

ermitaño(a)
_____

espantoso(a)
_____

prender un fuego
_____

_____

_____

_____

¡Qué susto!
_____

ruido
_____

señal _(f.)_
_____

_____

_____

_____

Palabras y expresiones

acostumbrado(a)
_____

advertir
_____

chistoso(a)
_____

_____

_____

_____

_____

_____

_____

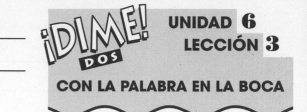

Diminutivos y aumentativos

Los diminutivos son sufijos que indican que algo es pequeño; los aumentativos son sufijos que indican que algo es grande. ¿Cuáles de estas palabras indican algo pequeño y cuáles algo grande?

	Grande	*Pequeño*
jovencito(a)	☐	☐
cabezón(ona)	☐	☐
viajecito	☐	☐
hombrón	☐	☐
chiquito(a)	☐	☐
sillón	☐	☐
ranchito	☐	☐
mujerona	☐	☐

•¿Qué tienen en común todas las palabras que indican que algo es

pequeño?

_____

•¿Qué tienen en común todas las palabras que indican que algo es grande?

_____

•¿Cuál es el aumentativo de los siguientes diminutivos?

zapatito   _____

muchachita   _____

cucharita   _____

•¿Cuál es el diminutivo de las siguientes palabras?

libro _____

casa _____

árbol _____

abuela _____

regalo _____

cosa _____

gato _____

perra _____

•¿Cuál es el diminutivo de estos nombres?

Marta _____

Lola _____

Ana _____

Juana _____

Manolo _____

Pepe _____

Juan _____

Miguel _____

Los diminutivos se usan con frecuencia para expresar emociones positivas de cariño o intimidad, como **amorcito, abuelitos, hijita, mamacita.** Los aumentativos a veces pueden ser despectivos o negativos, como **ricachón, muchachón, mujerona.** Claro que otros factores, tales como tono, tipo de sufijo, contenido, etc., pueden determinar si el diminutivo o aumentativo tienen un valor positivo o negativo.

A **Lotería.** Cuatro jóvenes son finalistas para ganar la lotería. Escucha la conversación con el locutor e indica las cosas que quiere hacer cada persona. Escucha una vez más para verificar tus respuestas.

	Linda	*Rafael*	*Norma*	*Benito*
comprar ropa				
viajar				
comprar un vehículo				
ayudar a los demás				
comprar juegos de video				
comprar un instrumento				

B **Invitados.** Teo y Virginia Ortega van a dar una fiesta. Escucha su conversación y escribe los quehaceres de cada persona en el círculo correspondiente y los que van a hacer juntos, en la intersección de los círculos. Escucha una vez más para verificar tus respuestas.

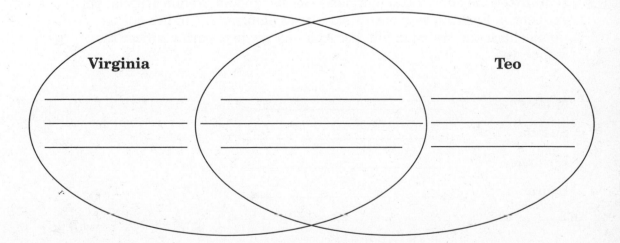

Venta. El Club de Español está vendiendo unos recuerdos mexicanos porque necesita dinero. Escucha lo que pasa en la venta e indica por cuánto se vende cada artículo. Escucha una vez más para verificar tus respuestas.

$ _____ $ _____ $ _____

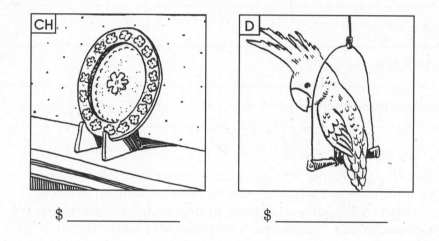

$ _____ $ _____

¿Cuánto tiempo? La Hamburguesa Gorda ganó un premio especial por excelencia. Escucha esta entrevista con los empleados e indica cuánto tiempo hace que trabajan allí. Escucha una vez más para verificar tus respuestas.

Marcos   _____

Susana   _____

Enrique   _____

Laura   _____

D **Promesas.** La semana que viene se celebran las elecciones para el presidente del Consejo Estudiantil del colegio. Escucha los discursos de los candidatos e indica qué cambio propone cada uno. Escucha una vez más para verificar tus respuestas.

	Clara	*Federico*	*María Luisa*
más bailes	☐	☐	☐
más estacionamientos para carros	☐	☐	☐
más conciertos	☐	☐	☐
más asambleas	☐	☐	☐
mejor comida	☐	☐	☐
más actividades de fin de semana	☐	☐	☐
más actividades después de clases	☐	☐	☐
más tiempo entre clases	☐	☐	☐
más actividades antes de clases	☐	☐	☐
más películas	☐	☐	☐

Nombre _____

Fecha _____

¡DIME!
DOS

UNIDAD **7**
LECCIÓN **1**

¡A ESCRIBIR!

A **¿Qué decimos...?** Completa los siguientes comentarios de Margarita, Mateo, Tina y su mamá.

a menos	ahorrando	burles	costumbre
dar una vuelta	de repente	gasto	manejando

1. Mateo está _____ su carro nuevo.

2. He estado _____ mi dinero.

3. Súbanse y las llevo a _____.

4. No hay manera que tú compres tu carro _____ que ahorres dinero.

5. En esta familia no es _____ pagar los quehaceres.

6. ¿Por qué _____ tienes tanto interés en ganar dinero?

7. Si _____ el dinero, no voy a poder comprar mi carro.

8. ¡No te _____ de mí!

B **Si tienes hambre...** ¿Qué consejos le das a tu amigo(a)?

MODELO

tener hambre
**Si tienes hambre,
debes comer
un sándwich.**

1. tener sueño

_____

_____

_____

2. no tener energía

_____

_____

_____

3. estar aburrido(a)

_____

_____

_____

4. sacar malas notas

_____

_____

_____

5. tener sed

_____

_____

_____

6. querer comprar un carro

_____

_____

_____

7. tener frío

_____

_____

_____

Nombre _____

Fecha _____

¡DIME!
DOS

UNIDAD **7**
LECCIÓN **1**

¡A ESCRIBIR!

C **¡Fíjate!** ¿Qué crees tú que va a pasar si tus amigos hacen estas cosas?

MODELO *Pablo: trabajar el sábado*
Si Pablo trabaja el sábado, no va a jugar fútbol con nosotros. o
Si Pablo trabaja el sábado, no puede jugar fútbol con nosotros.

1. Luisa y Carolina: viajar a México este verano

_____

_____

2. Jaime: ganar mucho dinero

_____

_____

3. Rosalia: practicar el piano

_____

_____

4. tú: hacerse socio de un club

_____

_____

5. Daniel: comprar un carro

_____

_____

6. los hermanos Boral: practicar baloncesto

_____

_____

7. yo: ahorrar el dinero

_____

_____

8. Susana: hacer muchos ejercicios

_____

_____

CH **La comida mexicana.** Tú y tu hermano van a preparar una comida mexicana para la familia. Decidan cuáles actividades vas a hacer tú y cuáles tu hermano.

MODELO *comprar fruta / buscar tortillas*
Yo compro la fruta si tú buscas las tortillas.

1. cortar vegetales / preparar guacamole

_____

_____

2. hacer ensalada / poner mesa

_____

_____

3. preparar flan / cocinar carne

_____

_____

4. lavar la fruta / echarle sal a los frijoles

_____

_____

5. hacer café / servir postre

_____

_____

6. sacar basura / lavar platos

_____

_____

Nombre _____

Fecha _____

¡DIME!
DOS

UNIDAD 7
LECCIÓN 1

¡A ESCRIBIR!

D **Intercambios.** Te gustaría intercambiar algunas de tus cosas por las de tu amigo(a). ¿Qué le dices?

MODELO: **Te doy mi cuaderno por tu bolígrafo.**

Tú	**Tu amigo(a)**
zapatos deportivos	bolígrafo
chaqueta	mochila
discos compactos	gato
televisor	boleto para el concierto
reloj	computadora
sudadera	calculadora
cámara	revista
cuaderno	suéter
radio	bicicleta
tarea	sombrero
saco de dormir	esquíes

1. _____

2. _____

3. _____

4. _____

5. _____

6. _____

7. _____

8. _____

9. _____

10. _____

¡Trabajo barato! Necesitas ahorrar dinero para comprarte un carro. Varios amigos de tus padres quieren saber cuánto tienen que pagarte por hacer los siguientes quehaceres. ¿Qué les dices?

MODELO

$5

Paso un trapo por cinco dólares.

1. $8

_____

_____

2. $12

_____

_____

3. $6

_____

_____

Nombre _____

Fecha _____

¡DIME!
DOS

UNIDAD 7
LECCIÓN 1

¡A ESCRIBIR!

4. $3

_____

_____

5. $15

_____

_____

6. $20

_____

_____

7. $7

_____

_____

8. $14

_____

_____

¡Qué persistentes! ¿Qué dijeron estos jóvenes cuando la profesora les pidió ejemplos de su persistencia?

MODELO
Cuca: buscar el gato / 3 días
Cuca dijo que buscó el gato por tres días.

1. Chela: trabajar en un café / 2 años

   _____

   _____

2. Elisa: hacer ejercicio / 3 horas

   _____

   _____

3. Patricio y Pablo: vivir en Bolivia / 7 meses

   _____

   _____

4. Jaime y yo: dormir / 12 horas

   _____

   _____

5. Enrique y su familia: viajar por Europa / 4 meses

   _____

   _____

6. Yolanda: visitar a sus tíos / 3 semanas

   _____

   _____

7. Yo: hablar con Adela por teléfono / 4 horas y media

   _____

   _____

8. Anita y su hermano: estudiar francés / 5 años

   _____

   _____

In this lesson you learned how to speculate and negotiate. You have also learned the new vocabulary listed below as well as additional vocabulary. Write all the vocabulary you have already learned under each category and add any new vocabulary that you found particularly useful in this lesson.

Para especular

_____   _____

_____   _____

_____   _____

_____   _____

_____   _____

_____   _____

Para negociar

_____   _____

_____   _____

_____   _____

_____   _____

_____   _____

_____   _____

Gastos

ahorrar
_____   _____

_____   _____

_____   _____

_____   _____

_____   _____

_____   _____

El carro

gasolina _____

manejar _____

_____

_____

_____

seguro _____

vuelta _____

_____

_____

Palabras y expresiones

absolutamente _____

burlarse _____

costumbre _____

depender _____

_____

_____

_____

_____

duda _____

llamativo(a) _____

puesto _____

realista _____

_____

_____

_____

_____

Nombre _____

Fecha _____

¡DIME!
DOS

UNIDAD **7**
LECCIÓN **2**

¡A ESCUCHAR!

A **¿Seguro?** Unos estudiantes están hablando de sus planes para el verano. Escucha sus comentarios e indica si los planes son **seguros** o **no son seguros.** Escucha una vez más para verificar tus respuestas.

Seguro   *No es seguro*

1. ☐ ☐
2. ☐ ☐
3. ☐ ☐
4. ☐ ☐
5. ☐ ☐
6. ☐ ☐
7. ☐ ☐
8. ☐ ☐

B **De compras.** Toda la familia Herrera está de compras hoy. Según la mamá, ¿qué andan buscando todos? Escribe el nombre de la persona que busca el artículo dibujado. Escucha una vez más para verificar tus respuestas.

A

B

C

CH

_____   _____   _____   _____

D

E

F

G

_____   _____   _____   _____

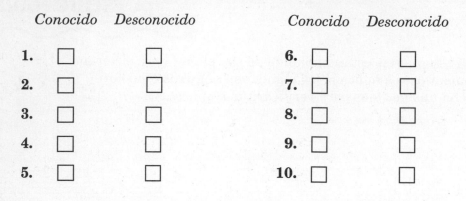

C **¡Fiesta!** Varias personas están hablando de una fiesta que van a dar. Indica si lo que mencionan es **conocido** o **desconocido** (no conocido). Escucha una vez más para verificar tus respuestas.

	Conocido	Desconocido		Conocido	Desconocido
1.	☐	☐	6.	☐	☐
2.	☐	☐	7.	☐	☐
3.	☐	☐	8.	☐	☐
4.	☐	☐	9.	☐	☐
5.	☐	☐	10.	☐	☐

CH **Empleos.** Escucha cada uno de los siguientes anuncios de radio e indica las cualidades que se buscan. Escucha una vez más para verificar tus respuestas.

Anuncio número 1

____ hablar inglés

____ tener coche propio

____ tener experiencia

____ ser responsable

Anuncio número 2

____ ser mayor de edad

____ saber escribir a máquina

____ saber usar computadora

____ poder trabajar de noche

Anuncio número 3

____ hablar y escribir inglés

____ ser responsable

____ tener buena presencia

____ ser mayor de edad

D **Una carrera.** Andrea y Esteban están hablando de sus futuros trabajos. Lee las oraciones que siguen a continuación. Luego escucha la conversación e indica si las oraciones son **Ciertas (C)** o **Falsas (F)**. Escucha la conversación una vez más para verificar tus respuestas.

C F **1.** Andrea y Esteban acaban de graduarse.

C F **2.** Andrea quiere encontrar un trabajo que no sea aburrido.

C F **3.** A Andrea le gusta trabajar con la gente.

C F **4.** Andrea prefiere trabajar en una oficina.

C F **5.** A Esteban le gusta la idea de trabajar al aire libre.

C F **6.** Esteban es más extrovertido que Andrea.

C F **7.** Andrea piensa buscar trabajo en un restaurante.

C F **8.** Andrea le recomienda a Esteban que trabaje como camarero.

C F **9.** Andrea y Esteban piensan trabajar este verano.

C F **10.** Andrea y Esteban esperan trabajar juntos.

A ¿**Qué decimos...?** Escribe al menos tres requisitos y condiciones que van con cada puesto.

REQUISITOS Y CONDICIONES

saber taquigrafía	no requiere experiencia
meseros, lavaplatos	tener auto
repartir periódicos	$5 la hora
trabajar de día	ganar hasta mil quinientos
ser mayor de edad	trabajo de verano
hablar español	puestos inmediatos
saber escribir a máquina	jóvenes para el espectáculo

VENDEDORES

_____
_____
_____
_____

EL PASO TIMES

_____
_____
_____
_____

PERSONAS PARA
HACER LLAMADAS

_____
_____
_____
_____

VIVA EL PASO

_____
_____
_____
_____

RESTAURANTE

_____
_____
_____
_____

SECRETARIA

_____
_____
_____
_____

Planes para el verano. ¿Qué planes tienes para el verano?

MODELO   **Tal vez camine por las montañas.**

1. _____

_____

2. _____

_____

3. _____

_____

4. _____

_____

5. _____

_____

6. _____

_____

7. _____

_____

8. _____

_____

Nombre _____

Fecha _____

¡DIME!
DOS

UNIDAD 7
LECCIÓN 2

¡A ESCRIBIR!

C **¡Ay, Pablito!** Pablito no aprendió bien las lecciones de geografía y ciencias sociales. No se acuerda bien de lo que ha leído. ¿Cómo expresa sus dudas?

MODELO   *¿Es el río Amazonas el más largo del mundo?*
         Tal vez el río Amazonas sea el más largo.

1. ¿Cultivan maíz en Antártida?

   _____

   _____

2. ¿Hay ranchos en Filadelfia?

   _____

   _____

3. ¿Es la tierra tan grande como el sol?

   _____

   _____

4. ¿Comen tortillas los habitantes de los Andes?

   _____

   _____

5. ¿Tiene Bolivia salida al mar?

   _____

   _____

6. ¿Hay lagos en el desierto Atacama?

   _____

   _____

7. ¿Viven en cuevas los hawaianos?

   _____

   _____

8. ¿Construyen edificios altos en el cerro Aconcagua?

   _____

   _____

¡Cálmate! Tu hermano mayor va a trabajar en una tienda de discos. Está nervioso porque no sabe si le va a gustar el trabajo. ¿Qué le dices para calmarlo?

MODELO   *tu jefe / ser / simpático*
         Quizás tu jefe sea simpático.

1. empleados / querer / ser tus amigos

   _____

   _____

2. tu jefe / te / pagar / bien

   _____

   _____

3. no tocar / música / todo el tiempo

   _____

   _____

4. haber / café y refrescos para / empleados

   _____

   _____

5. tú / conocer / un cantante famoso

   _____

   _____

6. tu jefe / dejarte / comprar discos en oferta

   _____

   _____

7. tú / ganar / mucho dinero

   _____

   _____

8. trabajo / ser / fácil e interesante

   _____

   _____

UNIDAD **7**
LECCIÓN **2**

¡A ESCRIBIR!

D **Preferencias.** Tus amigos están conversando sobre el colegio de sus sueños. ¿Qué prefieren?

MODELO **José prefiere un colegio que tenga una piscina olímpica.**

Margarita	requerir	clases de diez estudiantes
Julio	emplear	chicle y dulces
los hermanos Montes	tener	profesores simpáticos
Luisa	permitir	piscina olímpica
tú	estar	muchos ejercicios
yo	no requerir	mucha tarea
Delia y Sara	dar	profesores guapos
nosotros	ofrecer	en los suburbios
José		vacaciones todos los meses

1. _____

_____

2. _____

_____

3. _____

_____

4. _____

_____

5. _____

_____

6. _____

_____

7. _____

_____

8. _____

_____

Festival internacional. El colegio está planeando un festival internacional. ¿Qué preferencias tienen los siguientes estudiantes?

EJEMPLO *Lupe / guitarrista que / tocar...*
Lupe prefiere un guitarrista que toque música española. o
Lupe desea un guitarrista que toque música española.

1. Ramón / decoraciones que / tener...

   _____

   _____

2. Carlos / refrescos que / representar...

   _____

   _____

3. Concepción / artesanías que / venir...

   _____

   _____

4. Tomás / música que / ser...

   _____

   _____

5. profesora / que los estudiantes / ponerse...

   _____

   _____

6. Carmen / comida que / no necesitar...

   _____

   _____

F

Los nuevos estudiantes... Es el primer día de clases y los profesores hablan sobre los estudiantes que tienen o que prefieren. ¿Qué dicen?

MODELO *Preferimos estudiantes que* **estudien** *(estudiar).* o
Tengo tres estudiantes que nunca **estudian** *(estudiar).*

1. Necesito jóvenes que _____ (poder) pensar.

2. Busco a chicos que no _____ (tener) miedo de

   un profesor exigente.

3. Tengo una chica que _____ (hablar) tres idiomas.

4. Preferimos chicos que _____ (ser) corteses.

5. Quiero estudiantes que _____ (hacer) preguntas

   inteligentes.

6. Me encontré con gemelos que _____ (venir)

   de China.

7. Necesitamos jugadores de baloncesto que _____

   (jugar) bien.

8. Conocemos a unos chicos que _____ (ir) a

   estudiar ruso.

In this lesson you learned how to express probability and improbability and to talk about unknown entities. You have also learned the new vocabulary listed below as well as additional vocabulary. Write all the vocabulary you have already learned under each category and add any new vocabulary that you found particularly useful in this lesson.

Para expresar probabilidad e improbabilidad

_____   _____

_____   _____

_____   _____

_____   _____

_____   _____

Para hablar de cosas o personas desconocidas

_____   _____

_____   _____

_____   _____

_____   _____

_____   _____

Empleo

capacitado(a) _____   mecanografía _____

clasificado(a) _____   requerir _____

empleo _____   repartir _____

emplear _____   salario _____

escribir a máquina _____   solicitar _____

gerente *(f. / m.)* _____   taquigrafía _____

_____   _____

_____   _____

Palabras y expresiones

fuera _____

espectáculo _____

categoría _____

_____

_____

_____

_____

_____

_____

_____

previo _____

venta _____

_____

_____

_____

_____

_____

_____

_____

A   **De regreso.** Felipe acaba de volver de un viaje a Sudamérica y está compartiendo sus experiencias con la clase de español. Lee las siguientes oraciones y posibles terminaciones. Luego escucha lo que dice Felipe y selecciona la mejor respuesta. Escucha una vez más para verificar tus respuestas.

1. Se cena más (temprano / tarde).

2. Se come (más / menos) fuerte al mediodía.

3. Se cierran algunas oficinas durante (el almuerzo / la cena).

4. Se asiste a las clases (cinco / seis) días a la semana.

5. Se toman (más / menos) clases en los colegios.

6. Se usa más el transporte (público / privado).

7. Se pasea más (en coche / a pie).

8. Se va al cine muy (temprano / tarde).

B   **¿Para qué?** Un extraterrestre, de visita en la casa de Rosario, quiere saber para qué sirven ciertas cosas. Escucha las explicaciones de Rosario y escribe el nombre de lo que describe. Escucha una vez más para verificar tus respuestas.

1. _____

2. _____

3. _____

4. _____

5. _____

¿Para quién? Trabajas en la oficina de la escuela y tienes que llevarles a varias personas que están en clase unos objetos que estas personas habían olvidado. Para recordar de quién es cada cosa, escribe una lista. Escucha lo que dice la secretaria y completa la información. Escucha una vez más para verificar tu lista.

Objeto	*Persona*	*Sala*
cuaderno	Juan Gómez	
	Yoli Lara	laboratorio
libro de historia		23
	Susana Llano	
		8
	profesora Torres	

Entrevista. Rogelio acaba de graduarse del colegio y ahora solicita empleo. Lee las oraciones y las posibles terminaciones que aparecen a continuación. Luego escucha una de sus entrevistas y selecciona la mejor terminación. Escucha una vez más para verificar tus respuestas.

1. Rogelio busca trabajo de...

   a. locutor de radio

   b. recepcionista

   c. camarero

   ch. secretario

2. Rogelio quiere trabajar para...

   a. una estación de radio

   b. un restaurante

   c. un hotel

   ch. una compañía

3. Rogelio puede...

   a. usar computadora

   b. trabajar sólo de día

   c. hablar inglés

   ch. a, b y c

4. El empleo ofrece...

   a. comida gratis

   b. un sueldo muy alto

   c. oportunidades para avanzar

   ch. muchos días de vacaciones

5. La señorita Reyes va a...

   a. emplear a Rogelio enseguida

   b. ofrecerle el trabajo a otro

   c. ser la gerente de Rogelio

   ch. llamar a Rogelio

Estrategia para escuchar

Cómo anticipar el contenido

D **Una dieta saludable.** Al escuchar, formamos una idea de lo que vamos a oír. Por eso, si no oímos bien una palabra, la podemos adivinar. Vas a escuchar un programa de radio con algunas palabras incomprensibles. Cuando no oigas bien una palabra, escoge de las siguientes palabras la más probable. Escucha una vez más para verificar tus respuestas.

MODELO   Escuchas: *Por desgracia, ponerse a dieta o llevar una [sssss]*
                           balanceada no tiene muy buena reputación.
            Ves: *vida / dieta*
            Escoges: **dieta**

1. peso / tiempo

2. semana / día

3. ejercicio / dieta

4. semanas / horas

5. comiendo / caminando

6. grasa / calor

7. cambios / ejercicios

8. negativa / positiva

Escuchemos un cuento

E **Un refrán.** Lee las oraciones que aparecen a continuación. Luego escucha esta historia e indica si las oraciones son **Ciertas (C)** o **Falsas (F)**. Escucha una vez más para verificar tus respuestas.

C   F   **1.** El señor hablaba mucho.

C   F   **2.** El señor no quería hablar con personas desconocidas.

C   F   **3.** Al señor le gustaba escuchar los comentarios de sus vecinos.

C   F   **4.** El señor decía cosas aburridas.

C   F   **5.** Nadie criticaba al señor.

C   F   **6.** Un día el señor se compró un buey.

C   F   **7.** El buey no quiso abrir la boca.

C   F   **8.** Todos pensaban que el buey era tan interesante como el señor.

Nombre _____

Fecha _____

¡DIME!
DOS

UNIDAD **7**
LECCIÓN **3**

¡A ESCRIBIR!

A   **Requisitos.** Escribe dos requisitos de los puestos que considera Tina según indican los anuncios clasificados en la página 373 del texto.

Temporeros(as):

_____

_____

La Hamburguesa Gorda:

_____

_____

Vendedores:

_____

_____

Operadores(as):

_____

_____

En el hospital. ¿Qué les dice la enfermera a los visitantes del hospital?

MODELO

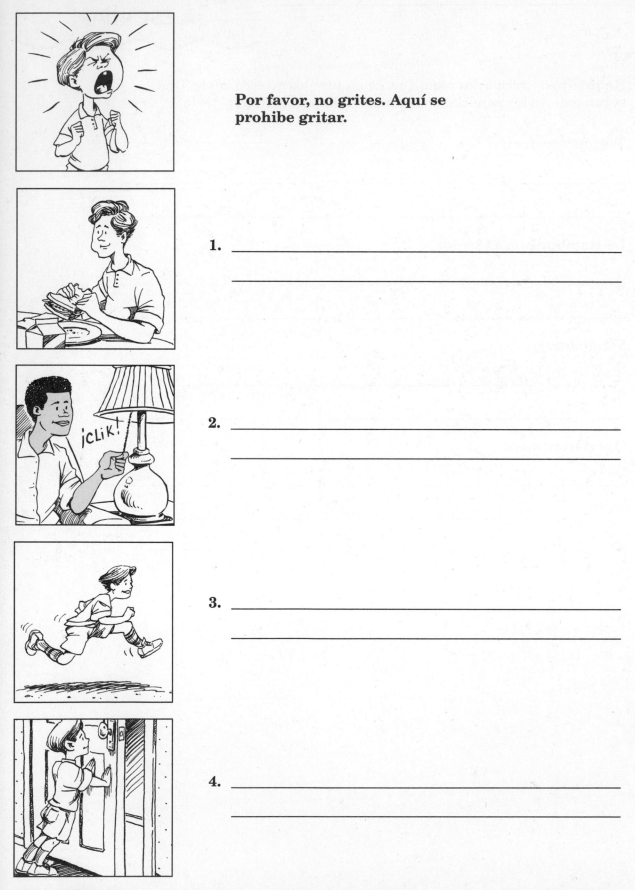

Por favor, no grites. Aquí se prohibe gritar.

1. _____

_____

2. _____

_____

3. _____

_____

4. _____

_____

Nombre _____

Fecha _____

¡DIME!
DOS

UNIDAD **7**
LECCIÓN **3**

¡A ESCRIBIR!

5. _____

_____

6. _____

_____

7. _____

_____

8. _____

_____

¡Todo se prohíbe! ¿Qué se prohíbe en tu escuela?

EJEMPLO **Se prohíbe pelear.**

1. _____

2. _____

3. _____

4. _____

5. _____

6. _____

CH

¿Zapatos? ¿Qué se vende en las siguientes tiendas?

MODELO *zapatería*
En la zapatería se venden zapatos.

1. frutería _____

2. tortillería _____

3. lechería _____

4. pastelería _____

5. joyería _____

6. botonería _____

7. librería _____

8. papelería _____

9. sombrerería _____

10. carnicería _____

Nombre _____

Fecha _____

¡DIME!
DOS

UNIDAD **7**
LECCIÓN **3**

¡A ESCRIBIR!

D **¿Para qué?** ¿Para qué son los siguientes objetos?

MODELO

¿Eso? Es para cortar el césped.

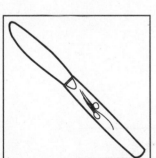

1. _____

_____

2. _____

_____

3. _____

_____

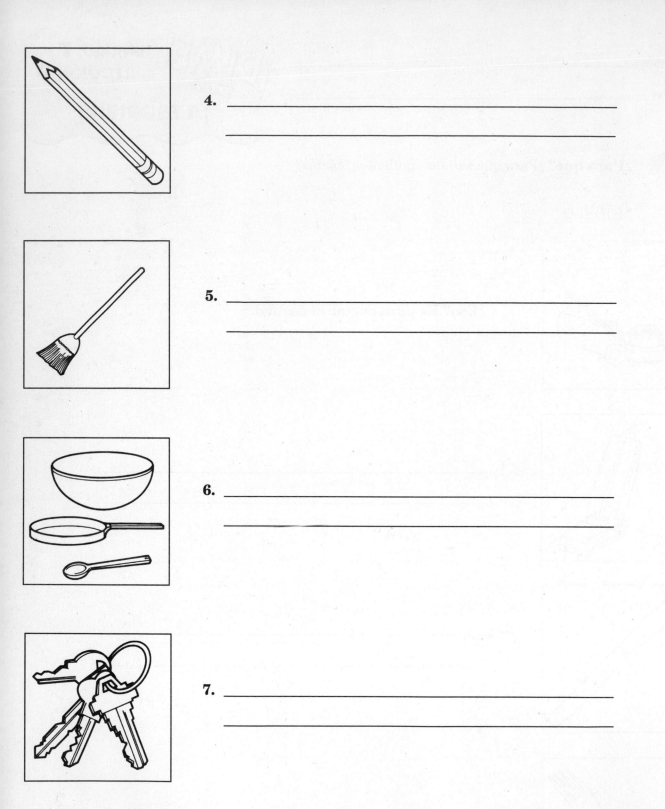

4. _____

_____

5. _____

_____

6. _____

_____

7. _____

_____

Nombre _____

Fecha _____

¡DIME!
DOS

UNIDAD 7
LECCIÓN 3

¡A ESCRIBIR!

E ¿**Para qué?** ¿Para qué hizo Benito lo siguiente?

MODELO *jugar fútbol todos los días / ganar campeonato*
Benito jugó fútbol todos los días para ganar el campeonato.

1. hablar con Francisca / planear una fiesta

   _____

   _____

2. ahorrar dinero / hacer un viaje a...

   _____

   _____

3. hacer ejercicios / tener más energía

   _____

   _____

4. ayudar a su mamá / ganar dinero

   _____

   _____

5. practicar el piano / dar un concierto

   _____

   _____

6. aprender francés / hablar con...

   _____

   _____

7. comprar mapas / viajar a...

   _____

   _____

8. estudiar mucho / salir bien en sus clases

   _____

   _____

En el café. Es tu primer día de trabajo en el café Azteca. Trata de recordar para quién son las siguientes comidas.

MODELO   *enchiladas verdes*
Las enchiladas verdes son para el señor de traje negro. o
Las enchiladas verdes son para el señor de pelo negro.

1. tacos de pollo

_____

2. enchiladas de queso

_____

3. 5 enchiladas de pollo

_____

4. ensalada azteca

_____

5. tortillas con guacamole

_____

6. sopa azteca

_____

7. flan y café

_____

 ¡Todos trabajaron! Los miembros del Club de Español consiguieron bastante dinero para su viaje a México. Todos hicieron quehaceres para los profesores o para sus padres. ¿Para quiénes trabajaron los siguientes estudiantes?

MODELO **Joselito limpió las ventanas para el Sr. Almeira.**

Gloria y Ana	Sr. Flores	sacar la basura
yo	padres	barrer el patio
Joselito	directora	pasar un trapo
Miguel y Terencio	Srta. Rivera	lavar el carro
tú	Sr. Almeira	borrar la pizarra
Beatriz	Sra. Castillo	plantar flores
nosotros	entrenador	preparar una comida
		pasar la aspiradora
		limpiar las ventanas
		arreglar los libros

1. _____

2. _____

3. _____

4. _____

5. _____

6. _____

7. _____

8. _____

9. _____

H **Letrero.** Diseña un letrero para un evento en tu escuela. Recuerda incluir la mayor cantidad de información necesaria (fecha, requisitos, oportunidades, lugar, etc.)

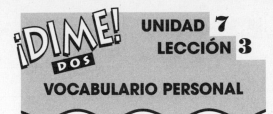

In this lesson you learned how to compare job descriptions, identify job requirements and state rules and regulations. You have also learned the new vocabulary listed below as well as additional vocabulary. Write all the vocabulary you have already learned under each category and add any new vocabulary that you found particularly useful in this lesson.

Para comparar puestos

_____ _____

_____ _____

_____ _____

_____ _____

_____ _____

_____ _____

Para identificar requisitos de empleo

_____ _____

_____ _____

_____ _____

_____ _____

_____ _____

_____ _____

Para expresar reglas y reglamentos

_____ _____

_____ _____

_____ _____

_____ _____

_____ _____

_____ _____

Empleo

calificación _____

operador(a) _____

empresa _____

referencia _____

recepcionista *(m./f.)* _____

_____

_____

entrenamiento _____

requisito _____

pagado _____

puntualidad _____

solicitud _____

_____

_____

Palabras y expresiones

necio(a) _____

entrevistador(a) _____

_____

_____

_____

_____

_____

promedio _____

reciente _____

_____

_____

_____

_____

_____

Familias de palabras: -ción y -sión

A Escribe el equivalente en inglés de las siguientes palabras. Luego indica lo que tienen en común todas las palabras en español y en inglés.

_____ acción

_____ atracción

_____ satisfacción

_____ perfección

_____ protección

En español, todas estas palabras terminan en: _____

En inglés, todas estas palabras terminan en: _____

¿Qué regla puedes deducir de la relación entre muchas palabras que terminan en **-cción** en español y en **-ction** en inglés?

_____

_____

B Ahora escribe el equivalente en inglés de las siguientes palabras. Luego indica lo que estas palabras en español y en inglés tienen en común.

_____ conclusión

_____ conversión

_____ extensión

_____ opresión

_____ profesión

En español, todas estas palabras terminan en: _____

En inglés, todas estas palabras tienen: _____

¿Qué regla puedes deducir de la relación entre muchas palabras que terminan en **-sión** en español y en **-sion** inglés?

_____

_____

Escribe en inglés las palabras que aparecen a continuación:

_____   agresión

_____   contracción

_____   compulsión

_____   transacción

_____   progresión

_____   restricción

Escribe en español las palabras que aparecen a continuación:

_____   construction

_____   confusion

_____   intersection

_____   exclusion

_____   reproduction

_____   remission

A **Lo de siempre.** A la familia Benítez le gusta ir de vacaciones a la playa y cada persona tiene actividades favoritas. Escucha lo que dice Carla e indica qué va a hacer cada persona. Escucha una vez más para verificar tus respuestas.

	mamá	*papá*	*Carla*	*Raúl*
bailar				
nadar				
leer				
jugar al volibol				
ir de compras				
pasear en bicicleta				
subirse a la montaña rusa				
cenar				
dormir				

¿Qué tiempo hará? Escucha el siguiente pronóstico del tiempo. Luego, escribe la(s) letra(s) del tiempo que se anticipa al lado del nombre de la región correspondiente. Escucha una vez más para verificar tus respuestas.

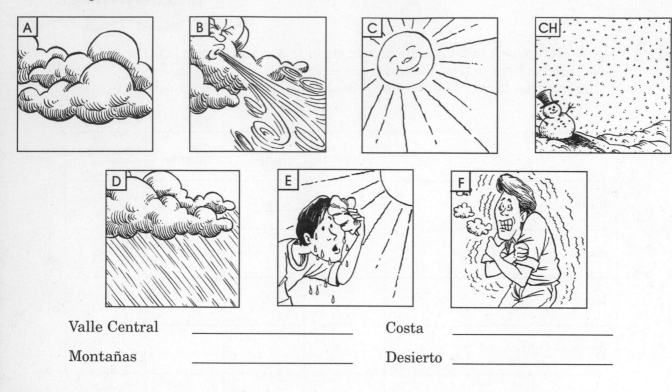

Valle Central _____   Costa _____

Montañas _____   Desierto _____

C

¿Qué pasará? Iliana está llegando al final de **¡Dime! Dos** y tiene algunas predicciones sobre el futuro de los personajes. Escucha lo que dice y completa la información. Escucha una vez más para verificar tus notas.

MODELO   Escuchas: *Chela estará muy contenta trabajando de bióloga en su pueblo natal. Hará experimentos biológicos en el Lago Maracaibo. En su tiempo libre, correrá con su perro.*

Escribes: **bióloga** y **correr con su perro** en el cuadro que aparece a continuación.

Nombre	Profesión	Pasatiempos
Chela	bióloga	correr con su perro
Luis		
Meche		
Diana		
Daniel		
Martín		
Tina		
Margarita		

Nombre _____

Fecha _____

¡DIME!
DOS

UNIDAD **8**
LECCIÓN **1**

¡A ESCUCHAR!

CH **Planes.** Antonio está hablando de sus planes para el verano. Escucha lo que dice e indica la secuencia cronológica de las escenas, escribiendo los números del 1 al 6 debajo de los dibujos. Escucha una vez más para verificar tus respuestas.

_____

_____

_____

_____

_____

_____

D **En diez años**. En la fiesta de graduación, Catalina y Alberto están conversando sobre el futuro. Lee las oraciones que aparecen a continuación. Luego escucha lo que dicen e indica si las oraciones son **Ciertas (C)** o **Falsas (F)**. Escucha una vez más para verificar tus respuestas.

C F 1. Catalina y Alberto están hablando de sus carreras.

C F 2. Catalina piensa que Alberto será un hombre importante.

C F 3. Según Catalina, Alberto tendrá casas en muchos lugares.

C F 4. Alberto cree que Catalina hará descubrimientos importantes.

C F 5. Según Alberto, Catalina será enfermera.

C F 6. Pedro es una persona cómica.

C F 7. Según Catalina, Marta tendrá un nombre especial.

C F 8. Catalina piensa que Marta será cantante de ópera.

C F 9. Catalina cree que Marta será rica.

C F 10. Según Catalina, se va a celebrar el aniversario en casa de Pedro.

A **¿Qué decimos...?** Completa los siguientes comentarios hechos por Tina, Margarita, Daniel, Martín y Mateo en la fotonovela o video de esta lección.

compré	estarás	estaré
iremos	jugará	podré
solicitaré	tendré	iré

1. Si trabajo tiempo completo durante el verano, _____ comprar mi carro en septiembre.

2. Creo que _____ con "Viva El Paso".

3. Tú _____ trabajando de noche y yo de día.

4. Nuestro equipo _____ en el campeonato del estado.

5. Supongo que _____ a acampar con mi familia, como de costumbre.

6. Esta vez _____ todos juntos, menos Daniel.

7. En junio _____ que hacer todos los preparativos.

8. ¡_____ allí cinco semanas!

9. Mira lo que te _____ para tu viaje.

B **¿Qué haremos?** Tú y tus amigos participarán en muchas actividades este verano. Escribe lo que harán las siguientes personas.

MODELO Simón _____**nadará**_____ *(nadar) este verano.*

1. Lucía y Miguel _____ (ir) al parque de diversiones.

2. Nosotros _____ (acampar) en las montañas.

3. Alejandro _____ (descansar) todo el verano.

4. Tú _____ (jugar) tenis todos los días.

5. Las hermanas Durán _____ (leer) novelas.

6. Chucho _____ (trabajar) en "Pollo Pronto".

7. Yo _____ (pasear) en bicicleta todos los días.

8. Isabel _____ (viajar) a México.

¿Qué harán? Después de recibir el grado del colegio, ¿qué harán tú y tus amigos?

MODELO

Nosotros
Trabajaremos en un hospital.

1. mi mejor amigo...y yo

_____

_____

2. tú

_____

_____

3. mis amigas...y...

_____

_____

4. mi amiga...

_____

_____

UNIDAD **8**
LECCIÓN **1**

¡A ESCRIBIR!

5. yo

_____

_____

6. mi amigo...

_____

_____

7. Ángel y Quico

_____

_____

8. tú y yo

_____

_____

CH **¿Cuándo saldrán?** La reunión familiar de Alicia terminó anoche con un gran baile. Hoy todos sus parientes están haciendo planes para regresar a sus casas. ¿Cuándo saldrán estas personas de la casa de Alicia?

MODELO *La tía de Alicia* _____**saldrá**_____ *a las siete y media.*

1. Los abuelos _____ a las ocho de la mañana.

2. Yo _____ a las diez y media.

3. Los tíos de Los Ángeles _____ el jueves.

4. Mi prima Claudia _____ a las nueve.

5. Mamá _____ a las once.

6. Todos nosotros _____ temprano.

D **El proyecto final.** Todos los estudiantes de cuarto año tienen que hacer un proyecto final para graduarse. ¿Qué harán estos estudiantes?

MODELO *Carlos y yo* _____**haremos**_____ *un estudio sobre Irán.*

1. Yo _____ un proyecto en la computadora.

2. Clarisa _____ un experimento químico.

3. Los jugadores de fútbol americano _____ una

   comparación con el fútbol de la América Latina.

4. Tú _____ un estudio sobre la economía de México.

5. Margarita y Teodoro _____ un proyecto de arte.

6. Ignacio _____ un modelo de Teotihuacán, la ciudad

   de los dioses.

7. Mercedes y Marilú _____ entrevistas con cinco

   familias chicanas.

8. Nosotros _____ un estudio sobre la comida méxico-

   americana.

E **¡Una casa nueva!** Tu familia acaba de comprar una casa nueva. Ahora, tú y tu mejor amigo(a) están hablando de cómo van a organizarla. Contesta las preguntas que ellos hacen según el modelo.

MODELO

¿Dónde vas a poner el trofeo?
Probablemente lo pondré sobre el televisor.

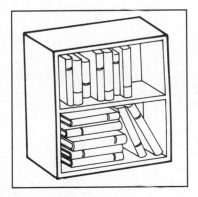

1. ¿Dónde va a poner los libros tu papá?

_____

_____

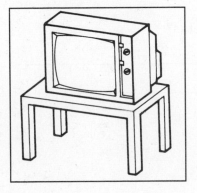

2. ¿Dónde van a poner el televisor?

_____

_____

3. ¿Dónde vas a poner tus cuadernos?

_____

_____

4. ¿Dónde va a poner tu mamá su lámpara favorita?

_____

_____

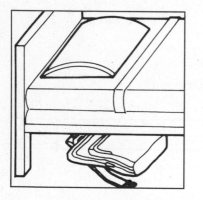

5. ¿Dónde vas a poner la mochila?

_____

_____

6. ¿Dónde van a poner las bicicletas?

_____

_____

Nombre _____

Fecha _____

¡DIME!
DOS

UNIDAD **8**
LECCIÓN **1**

¡A ESCRIBIR!

F　**En la cafetería.** Imagínate que algunos estudiantes de tu escuela hablan de lo que van a hacer en el futuro. Completa lo que dicen según el modelo.

MODELO　*mi amigo... / ser artista de cine*
　　　　　Mi amigo Lorenzo será artista de cine.

1.　mi amiga... / tener que viajar a Europa muchísimo

_____

_____

2.　mis amigas...y... / descubrir cura para el SIDA

_____

_____

3.　mis amigos...y... / hacer artesanías muy hermosas

_____

_____

4.　mi amigo... / hacer una Proclamación de Paz Mundial

_____

_____

5.　mis amigos...y... / saber hablar español

_____

_____

6.　mi amiga... / ser miembro del Congreso

_____

_____

7.　mi amigo... / ponerse a dieta

_____

_____

8.　mis amigos...y... / ser abogado

_____

_____

G **Después de la fiesta.** ¿Qué harán estos estudiantes después de la fiesta?

MODELO **Lupe querrá ayudar a Joaquín.**

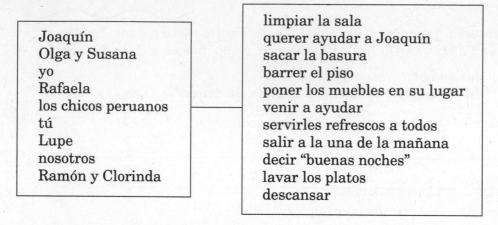

Joaquín
Olga y Susana
yo
Rafaela
los chicos peruanos
tú
Lupe
nosotros
Ramón y Clorinda

limpiar la sala
querer ayudar a Joaquín
sacar la basura
barrer el piso
poner los muebles en su lugar
venir a ayudar
servirles refrescos a todos
salir a la una de la mañana
decir "buenas noches"
lavar los platos
descansar

1. _____

_____

2. _____

_____

3. _____

_____

4. _____

_____

5. _____

_____

6. _____

_____

7. _____

_____

8. _____

_____

In this lesson you learned how to discuss future plans and make predictions. You have also learned the new vocabulary listed below as well as additional vocabulary. Write all the vocabulary you have already learned under each category and add any other vocabulary that you found particularly useful in this lesson.

Para comentar planes futuros

_____   _____

_____   _____

_____   _____

_____   _____

_____   _____

_____   _____

Para comentar actividades futuras

_____   _____

_____   _____

_____   _____

_____   _____

_____   _____

_____   _____

Para predecir

_____   _____

_____   _____

_____   _____

_____   _____

_____   _____

_____   _____

El futuro

anticipación _____

curiosidad _____

_____

_____

_____

predecir _____

predicción _____

_____

_____

Verbos en el futuro

competir _____

correr _____

decir _____

discutir _____

dormir _____

haber _____

hacer _____

nadar _____

_____

poder _____

poner _____

querer _____

salir _____

tener _____

venir _____

ver _____

_____

Palabras y expresiones

dormilón(a) _____

pañuelo _____

¡qué envidia! _____

_____

_____

_____

_____

_____

_____

_____

Nombre _____

Fecha _____

¡DIME!
DOS

UNIDAD **8**
LECCIÓN **2**

¡A ESCUCHAR!

A **Al empacar.** Francisca va a pasar el fin de semana en Puerto Escondido. Escucha la conversación e indica las prendas de ropa que su hermana Mónica le recomienda que lleve. Escucha una vez más para verificar tus respuestas.

____ camiseta   ____ ropa formal

____ cámara   ____ ropa interior

____ cepillo de dientes   ____ sandalias
      y pasta dental

                        ____ sombrero
____ champú

                        ____ toalla
____ chaqueta

                        ____ traje de baño
____ loción protectora

____ pantalones cortos

B **Candidato.** Xavier quiere ser presidente del Club de Español. Lee las siguientes oraciones. Luego escucha su discurso y escribe las palabras que faltan. Escucha una vez más para verificar tus respuestas.

1. Tendríamos más _____.

2. Saldríamos a _____.

3. Conozco a muchos _____.

4. Vendrían más _____ a nuestras

actividades.

5. Podría preparar un álbum de _____.

6. Pondría más _____ en el periódico

estudiantil.

7. Organizaría intercambios de _____con

otras escuelas.

8. Yo sería un _____ magnífico.

C **¡Fiesta!** Estas personas están haciendo preparativos para una fiesta esta noche. Indica si lo que dicen es un mandato o no. Escucha una vez más para verificar tus respuestas.

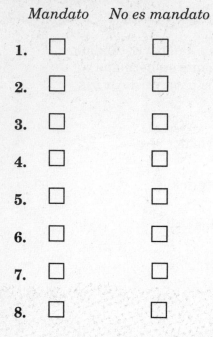

	Mandato	No es mandato
1.	☐	☐
2.	☐	☐
3.	☐	☐
4.	☐	☐
5.	☐	☐
6.	☐	☐
7.	☐	☐
8.	☐	☐

CH **El año que viene.** Oyes a varias personas hablar del próximo año escolar. Escucha los comentarios e indica si reflejan una actitud **positiva (+)** o **negativa (–)**. Escucha una vez más para verificar tus respuestas.

1.   +   –

2.   +   –

3.   +   –

4.   +   –

5.   +   –

6.   +   –

7.   +   –

8.   +   –

D **Consejos.** La consejera de la escuela está hablando con Paco, Ernesto y Clara sobre sus planes para el futuro. Lee las oraciones y posibles terminaciones que aparecen a continuación. Luego escucha la conversación y selecciona la mejor terminación. Escucha la conversación una vez más para verificar tus respuestas.

1. El año que viene, Paco piensa...

   a. asistir a la universidad

   b. ayudar a su familia

   c. graduarse

   ch. a, b y c

2. La consejera le recomienda a Paco que...

   a. asista a la universidad

   b. busque un trabajo en una oficina

   c. busque un trabajo que le interese

   ch. trabaje para una compañía que pague bien

3. Ernesto tiene preguntas sobre...

   a. su carrera futura

   b. las clases

   c. la universidad

   ch. a, b y c

4. La consejera recomienda que los estudiantes universitarios...

   a. tomen clases en muchas áreas

   b. seleccionen su carrera el primer año

   c. investiguen futuros trabajos

   ch. a, b y c

5. Clara ya estudió...

   a. en la universidad

   b. en un instituto politécnico

   c. ingeniería

   ch. computación

Nombre _____

Fecha _____

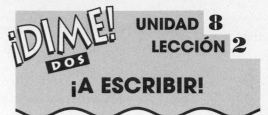

 A   **¿Qué decimos?** La siguiente es una lista de todo lo que Daniel cree que necesita para su viaje a Venezuela. Ayúdalo a seleccionar lo que necesita llevar. Puedes empezar organizando la lista según las categorías.

bata	pasta dental
calcetines	peine
camisas blancas	piyamas
camisetas	rasuradora
cepillo de dientes	ropa interior
cepillo para el pelo	saco
champú	sandalias
chaqueta	toalla
corbatas	traje
loción protectora	traje de baño
pantalones	zapatillas
pantalones cortos	zapatos

Para salir

_____

_____

_____

_____

_____

Ropa para la playa

_____

_____

_____

_____

_____

Ropa informal

_____

_____

_____

_____

_____

Otros artículos

_____

_____

_____

_____

_____

Para dormir

_____

_____

_____

_____

_____

_____

_____

B **Gustos.** ¿Qué leerían los miembros de tu familia si no tuvieran nada que hacer hoy?

MODELO   *abuelo / periódico*
   Mi abuelo leería el periódico.

1. tía Carolina / novelas históricas

   _____

   _____

2. primos / revistas cómicas

   _____

   _____

3. abuela / novelas románticas

   _____

   _____

4. mamá y papá / revistas de arquitectura

   _____

   _____

5. yo / novelas policíacas

   _____

   _____

6. mi hermanita / "La bella y la bestia".

   _____

   _____

7. tío David / libros técnicos

   _____

   _____

8. nosotros / libros de poesía

   _____

   _____

Nombre _____

Fecha _____

¡DIME! DOS

UNIDAD 8
LECCIÓN 2

¡A ESCRIBIR!

C   **Vacaciones.** ¿Qué harían tú y tus amigos si tuvieran vacaciones la semana que viene? Completa cada oración según el modelo.

MODELO   *Yo* ___**visitaría**___ *(visitar) a mis abuelos en Arizona.*

1. Pablo _____ (pasear) en bicicleta.

2. Tú _____ (nadar) todos los días.

3. Nosotros _____ (divertirse) mucho.

4. Raquel y Mercedes _____ (ir) de compras.

5. Yo _____ (practicar) karate.

6. Los hermanos Montes _____ (jugar) golf.

7. Rosalía _____ (comprar) ropa nueva.

8. Beto y yo _____ (ir) al parque de diversiones.

CH   **Una poción mágica.** Benito se imagina lo que él y sus amigos podrían hacer después de tomar una poción mágica. Indica lo que ellos podrían hacer.

MODELO   **Rafael y Toño podrían cantar en una ópera.**

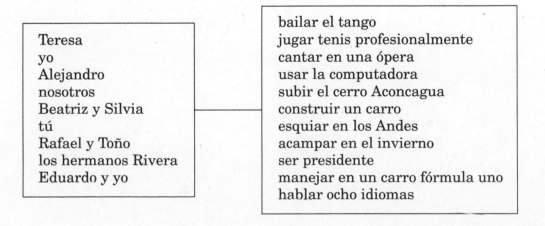

Teresa
yo
Alejandro
nosotros
Beatriz y Silvia
tú
Rafael y Toño
los hermanos Rivera
Eduardo y yo

bailar el tango
jugar tenis profesionalmente
cantar en una ópera
usar la computadora
subir el cerro Aconcagua
construir un carro
esquiar en los Andes
acampar en el invierno
ser presidente
manejar en un carro fórmula uno
hablar ocho idiomas

1. _____

   _____

2. _____

   _____

3. _____

   _____

4. _____

   _____

5. _____

   _____

6. _____

   _____

7. _____

   _____

8. _____

   _____

Nombre _____

Fecha _____

¡DIME!
DOS

UNIDAD **8**
LECCIÓN **2**

¡A ESCRIBIR!

D **Cambios.** Si fueras alcalde de tu pueblo o ciudad, ¿qué cambios habría?

MODELO *gente / venir / escuchar mis proclamaciones*
La gente vendría a escuchar mis proclamaciones.

1. estudiantes / saber / tanto como los profesores

_____

_____

2. solamente haber / clases dos días / semana

_____

_____

3. poder / tener fiestas todos los meses

_____

_____

4. estudiantes / venir / la escuela a las diez

_____

_____

5. nosotros / tener / ositos de peluche

_____

_____

6. todos los estudiantes / decir / la verdad

_____

_____

7. padres / salir / del trabajo a las cuatro de la tarde

_____

_____

8. nadie / querer / salir del pueblo

_____

_____

E **Estudiante de intercambio.** Tu amiga Sofía viajará a España como estudiante de intercambio. ¿Qué consejos le puedes dar?

MODELO   *hacer una lista de cosas para llevar*
Haz una lista de cosas para llevar. o
No hagas una lista de cosas para llevar.

1. llevar regalos para cada miembro de la familia

    _____

    _____

2. escribir tarjetas a sus hermanos

    _____

    _____

3. ser cortés

    _____

    _____

4. llevar ropa formal

    _____

    _____

5. divertirse mucho

    _____

    _____

6. hablar español lentamente

    _____

    _____

7. traer tu osito de peluche

    _____

    _____

8. ayudar con los quehaceres de la casa

    _____

    _____

9. comprar muchas cosas

    _____

    _____

Nombre _____

Fecha _____

¡DIME!
DOS

UNIDAD **8**
LECCIÓN **2**

¡A ESCRIBIR!

F **El campeonato.** Antes del campeonato de natación, el entrenador les da consejos a todos los miembros del equipo. ¿Qué les dice?

darles sus relojes a sus padres
no tener miedo
divertirse
ir a la piscina temprano

practicar tres horas
venir temprano mañana
ponerse los trajes morados
no estar nervioso
traer unas toallas

MODELO **Vengan temprano mañana.**

1. _____

2. _____

3. _____

4. _____

5. _____

6. _____

7. _____

8. _____

G **El campamento.** Es la primera vez que la profesora va a acampar con los niños del cuarto grado. ¿Qué preguntas les hace a sus alumnos y qué sugerencias le dan a ella los niños?

MODELO

llevar
¿Llevo un saco de dormir?
Sí, llévelo. o **No, no lo lleve.**

traer

1. _____

_____

dejar

2. _____

_____

aprender a armar

3. _____

_____

preparar

4. _____

_____

leer

5. _____

_____

llevar

6. _____

_____

caminar

7. _____

_____

_____

llevar

8. _____

_____

Nombre _____

Fecha _____

¡DIME!
DOS

UNIDAD **8**
LECCIÓN **2**

¡A ESCRIBIR!

H **¿Quién sabe más?** ¿Cómo contestan tus preguntas estos estudiantes que participan en un concurso de geografía por la televisión?

MODELO *La tierra es redonda. / Dudo que...*
Dudo que la tierra sea redonda.

1. La Tierra tiene miles de años. / Creo que...

_____

_____

2. Hay ruinas marcianas en la Tierra. / Dudo que...

_____

_____

3. No puede viajar hacia el Oeste para llegar a China. / Dudo que...

_____

_____

4. No hay montañas en las Américas. / Sé que...

_____

_____

5. Los océanos de la Tierra son pequeños. / No creo que...

_____

_____

6. El viaje de Cristóbal Colón es ficción. / No creo que...

_____

_____

7. Nadie vive en las Américas. / Dudo que...

_____

_____

8. Europa es el único continente. / Creo que...

_____

_____

I ¡**Extra!** ¡**Extra!** ¿Cómo reaccionarías tú a las siguientes noticias que aparecieron en el periódico de tu escuela?

MODELO   *Es bueno que...* **el señor Díaz viaje a Buenos Aires.**

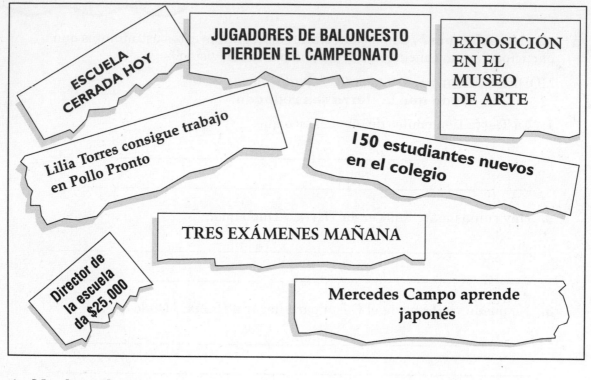

1. Me alegro de que...

   _____

2. Es triste que...

   _____

3. Es bueno que...

   _____

4. Es malo que...

   _____

5. Es interesante que...

   _____

6. Es bueno que...

   _____

7. Es terrible que...

   _____

8. Me alegro de que...

   _____

¡DIME!
DOS

UNIDAD 8
LECCIÓN 2

¡A ESCRIBIR!

J **¡El premio!** Tu profesora de español ganó un premio de $25,000 dólares.
¿Qué recomiendas que haga con el dinero?

MODELO

Recomiendo que...
dé dinero a su universidad.

1. Sugiero que...

_____

_____

2. Es necesario que...

_____

_____

3. Quiero que...

_____

_____

4. Insisto en que...

_____

_____

5. Prefiero que...

_____

_____

6. Es preciso que...

_____

_____

Nombre _____

Fecha _____

In this lesson you learned how to speculate and you reviewed how to give orders and advice, make suggestions, and express opinions and doubts. You have also learned the new vocabulary listed below as well as additional vocabulary. Write all the vocabulary you have already learned under each category and add any other vocabulary that you found particularly useful in this lesson.

Para especular

_____ _____

_____ _____

_____ _____

_____ _____

_____ _____

_____ _____

Para dar consejos

_____ _____

_____ _____

_____ _____

_____ _____

_____ _____

_____ _____

Para dar mandatos

_____ _____

_____ _____

_____ _____

_____ _____

_____ _____

_____ _____

Para dar opiniones

_____

_____

_____

_____

Empacar

cepillo de dientes

champú *(m.)*

pantalones cortos *(m.)*

pasta dental

peine *(m.)*

piyamas

rasuradora

sandalias

toalla

saco

corbata

traje de baño *(m.)*

Verbos en el condicional

decir

haber

hacer

llevar

mejorar

pedir

poder

poner

querer

saber

salir

ser

tener

venir

Palabras y expresiones

dentro de

especial

por si acaso

vuelo

A   **Anuario.** Alma está mirando el anuario de su colegio. Escucha lo que dice
e indica en el cuadro apropiado las actividades en las que participaron sus
compañeros. Escucha una vez más para verificar tus respuestas.

	Alma	*Víctor*	*Gloria*	*Jaime*
jugar golf				
participar en un drama				
cantar en el coro				
tocar en la banda				
preparar una exhibición				
hacer una excursión				
ganar un trofeo				
recibir un premio				

B   **De niños.** Fernando, un méxicoamericano, y su amiga venezolana,
Cristina, están hablando de lo que hacían de niños. Escribe las actividades
de cada persona en el círculo correspondiente y las actividades que tienen
en común en la intersección de los círculos. Escucha una vez más para
verificar tus respuestas.

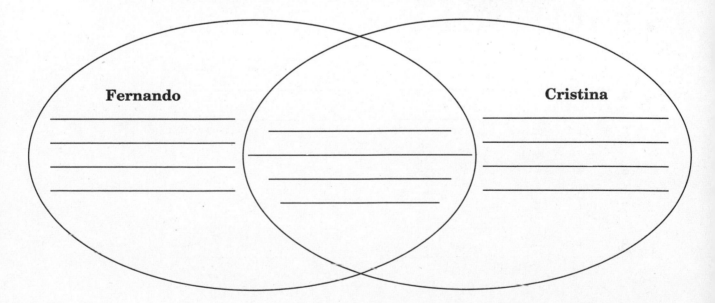

Carta oral. Mario está de vacaciones en Puerto Rico. Lee las siguientes frases. Luego escucha el casete que Mario le mandó a su familia e indica la secuencia cronológica de las actividades, escribiendo números del 1 al 9 en los espacios en blanco. Escucha una vez más para verificar tus respuestas.

_____ ver sapos interesantes

_____ decidir explorar la isla

_____ ver edificios coloniales

_____ conocer San Juan

_____ visitar otras islas

_____ ir de compras y nadar

_____ subir una torre

_____ ir a Mayagüez

_____ ir a una montaña

Viaje. Un grupo de estudiantes va a viajar a Argentina. Escucha sus comentarios e indica si reflejan una actitud **positiva (+)** o **negativa (–)**. Escucha una vez más para verificar tus respuestas.

1. + –

2. + –

3. + –

4. + –

5. + –

6. + –

7. + –

8. + –

Estrategia para escuchar

Cómo visualizar el contenido

D **Un corrido. Benjamín Argumedo.** ¿Cuánto sabes de la revolución mexicana? Vas a escuchar un corrido que cuenta lo que le pasó a un revolucionario muy popular, Benjamín Argumedo, cuando lo encontraron sus enemigos. Antes de escuchar el corrido estudia la ruta indicada en el mapa que figura a continuación.

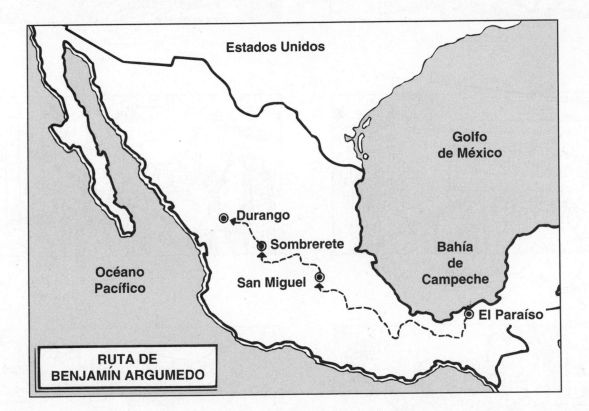

Un corrido. Al escuchar, formamos una imagen de lo que oímos. Esto nos ayuda a comprender el contenido, además de hacerlo más vívido e interesante. Vas a escuchar un corrido de la revolución mexicana. Trata de visualizar lo que está pasando y luego indica la secuencia cronológica de los dibujos, escribiendo los números del 1 al 6 debajo de los mismos. Escucha una vez más para verificar tus respuestas.

Escuchemos un cuento

E **Una familia de peces.** Lee las siguientes oraciones. Luego escucha el cuento e indica si las oraciones son **Ciertas (C)** o **Falsas (F).** Escucha una vez más para verificar tus respuestas.

C F **1.** Los peces pacíficos vivían en el norte.

C F **2.** Los peces vivían felices.

C F **3.** Llegaron unos peces grandes y simpáticos.

C F **4.** Los peces grandes se rieron de los demás peces.

C F **5.** Los peces pacíficos se fueron de su casa.

C F **6.** El dios del mar oyó los gritos de los peces.

C F **7.** Los peces pacíficos cambiaron mucho.

C F **8.** Las pirañas se comieron a los peces pacíficos.

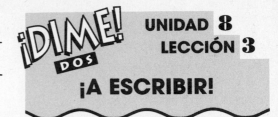

A **¿Qué decimos...?** ¿Qué impresión tuvo Daniel de Venezuela? Selecciona la(s) palabra(s) apropiada(s) para completar cada oración.

bonitos	fantástica	enorme
impresionante	interesante	pintoresco
riquísima	sabrosas	super moderno

1. ¡Caracas es una ciudad _____!

2. El metro es más _____ que el autobús.

3. ¡La comida aquí es _____!

4. Las arepas son muy _____.

5. Los parques aquí son muy _____.

6. Fuimos a un centro comercial _____.

7. El centro comercial es _____.

8. ¡Qué _____ es el Salto Ángel!

9. El Hatillo es un pueblo muy _____.

10. La tía de Luis nos preparó una cena _____.

El periódico escolar. Estos dibujos aparecieron en el periódico de ayer. Indica lo que sucedió.

MODELO

Sofía y Eva llegaron de un viaje a España.

1. _____

   _____

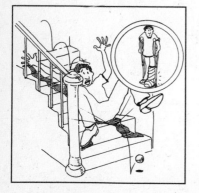

2. _____

   _____

3. _____

   _____

4. _____

_____

5. _____

_____

6. _____

_____

7. _____

_____

Siempre era lo mismo. Todos los veranos tú y tu mejor amigo(a) iban al mismo campamento con tu familia. ¿Qué hacían allí?

MODELO   **Mis abuelos exploraban las cuevas.**

papá	descansar al sol
Julita y Víctor	nadar en el lago
yo	sacar fotos
abuelos	preparar la cena
mamá	pasear en lancha
tú	caminar por el bosque
el perro	explorar las cuevas
todos nosotros	divertirse mucho

1. _____

_____

2. _____

_____

3. _____

_____

4. _____

_____

5. _____

_____

6. _____

_____

7. _____

_____

 Preguntas. Tu amigo Julio quiere ir con ustedes al mismo campamento. Ahora él quiere saber más detalles sobre lo que ustedes hacían. Contesta las preguntas que él hace.

MODELO *¿Dónde acampaban?*
Acampábamos en la Sierra Nevada.

1. ¿Con quién salías a caminar tú?

_____

_____

2. ¿Cuándo nadabas en el lago?

_____

_____

3. ¿Adónde caminaban?

_____

_____

4. ¿Qué exploraban?

_____

_____

5. ¿Paseaban todos en lancha?

_____

_____

6. ¿De qué sacaban fotos?

_____

_____

7. ¿Qué tiempo hacía?

_____

_____

8. ¿Con qué frecuencia iban?

_____

Nombre _____

Fecha _____

¡DIME!
DOS

UNIDAD 8
LECCIÓN 3

¡A ESCRIBIR!

Quizás. ¿Qué piensan hacer tú, tus amigos y tu familia durante el mes de julio?

MODELO **Tal vez tome un curso de verano.**

tomar un curso de verano   practicar karate
ir a México   nadar todos los días
jugar béisbol   salir todas las noches
trabajar en la gasolinera   ver la tele
visitar a amigos   leer muchas novelas

1. _____

   _____

2. _____

   _____

3. _____

   _____

4. _____

   _____

5. _____

   _____

6. _____

   _____

7. _____

   _____

8. _____

   _____

9. _____

   _____

10. _____

    _____

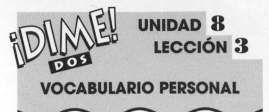

In this lesson you practiced describing in the past, saying how you used to feel, and narrating and expressing doubt in the past. You have also learned the new vocabulary listed below as well as additional vocabulary. Write all the vocabulary you have already learned under each category and add any other vocabulary that you found particularly useful in this lesson.

Para describir en el pasado

_____   _____

_____   _____

_____   _____

_____   _____

_____   _____

_____

Para hablar de cómo te sentías

_____   _____

_____   _____

_____   _____

_____   _____

_____   _____

_____

Para narrar en el pasado

_____   _____

_____   _____

_____   _____

_____   _____

_____   _____

Para expresar dudas

_____   _____

_____   _____

_____   _____

_____   _____

Viaje

arepera _____   _____

catarata _____   _____

salto _____   _____

_____   _____

_____   _____

Descripción

escolástico(a) _____   sabroso(a) _____

indeciso(a) _____   plano(a) _____

lingüístico(a) _____   pintoresco(a) _____

programado(a) _____

_____   _____

_____   _____

Palabras y expresiones

bandera _____   _____

especializar _____   _____

con mucho cariño _____   _____

_____   _____

_____   _____

ANTÓNIMOS

Escribe los antónimos de las siguientes palabras:

deshonesto _____

desorganizado _____

desembarcar _____

desarreglar _____

desaparecer _____

¿Qué regla puedes deducir de la relación entre las palabras en la segunda columna y sus antónimos?

_____

_____

_____

_____

Ahora escribe el antónimo de los siguientes sustantivos, verbos y adjetivos:

Sustantivos

ventaja _____

orden _____

centralización _____

integración _____

Verbos

empacar _____

arreglar _____

enchufar _____

hacer _____

Adjetivos:

conocido   _____

honesto   _____

afortunado   _____

agradable   _____

igual   _____

organizado   _____